fragen – suchen – entdecken 3

Religion in der Grundschule
Ausgabe N

Herausgegeben von
Dr. Barbara Ort und Ludwig Rendle
unter Mitarbeit von Rainer Oberthür

Illustriert von Silke Reimers

Erarbeitet von
Ursula Heilmeier, Angelika Paintner,
Dr. Barbara Ort und Ludwig Rendle,
unter Mitarbeit von Ludwig Sauter und
Josef Schwaller

Kösel Schulbuch | Klett

fragen – suchen – entdecken 3
Religion in der Grundschule. Ausgabe N

Bearbeitete und ergänzte Fassung von
„fragen – suchen – entdecken 3. Neuausgabe“ (2017)
Herausgegeben von Dr. Barbara Ort und Ludwig Rendle
unter Mitarbeit von Rainer Oberthür
Erarbeitet von Ursula Heilmeier und Angelika Paintner
unter Mitarbeit von Ludwig Sauter und Josef Schwaller

Zugelassen als Lehrbuch für den katholischen Religionsunterricht an Grundschulen in Nordrhein-Westfalen durch die Diözesanbischöfe von Aachen, Essen, Köln, Münster und Paderborn.

Notensatz: Holger Jeschke, Hamburg
Umschlaggestaltung: Kaselow Design, München; Rosendahl, Berlin, unter Verwendung von Illustrationen von Silke Reimers, Mainz
Layoutkonzept: René Fink, München
Technische Umsetzung: abavo GmbH, Buchloe

www.cornelsen.de
www.klett.de

1. Auflage, 1. Druck 2019

Alle Drucke dieser Auflage sind inhaltlich unverändert und können im Unterricht nebeneinander verwendet werden.

Druck: Grafisches Centrum Cuno GmbH & Co. KG, Calbe

ISBN 978-3-06-084179-0 (Cornelsen Verlag)
ISBN 978-3-12-006101-4 (Klett)

PEFC
PEFC/04-31-1370

PEFC zertifiziert
Dieses Produkt stammt aus nachhaltig bewirtschafteten Wäldern und kontrollierten Quellen.

www.pefc.de

Liebe Schülerinnen, liebe Schüler!

Ihr geht nun schon in die 3. Klasse, euer neues Religionsbuch begleitet euch in diesem Jahr.
Über vieles, was ihr zu Hause, in der Schule oder in eurer Umgebung erlebt, werdet ihr euch Gedanken machen, euch *fragen* und nach Erklärungen suchen.
Was kann euer neues Religionsbuch euch dabei anbieten?
Ihr findet darin viele Geschichten, Gedichte, Bilder und Lieder, die euch zum Lesen, Anschauen, Singen, zum Nachdenken und zum Fragen einladen.
Sie alle können euch anregen, nach Antworten zu *suchen*, die euch weiterhelfen.
Auch ganz Neues könnt ihr *entdecken*, zum Beispiel wie Christen früher gelebt haben oder wie die Bibel entstanden ist. Und vielleicht werdet ihr auch bei anderen Fragen herausfinden, wie der christliche Glaube in eurem Leben eine Hilfe sein kann.
Relix, den ihr aus dem Religionsbuch von Klasse 1 und 2 schon kennt, wird euch immer wieder begegnen – er begleitet euch auch durch dieses Schuljahr.
Wir wünschen euch viel Freude mit eurem Religionsbuch.

Die Lehrerinnen und Lehrer, die dieses Buch verfasst haben

Inhalt

Stille-Seiten 6

Das kannst du im Religionsunterricht tun 14

1 Nach Gott fragen 15

2 Mit Gott auf dem Weg 27

3 Ich – du – wir 45

4 Mit Jesus Mahl feiern 59

5 Miteinander leben und glauben 73

6 Die Bibel verändert die Welt 89

Mein Ich-Buch 105

Gebete 106

Methoden 108

Lexikon 112

3

6

4

Mein
Ich-Buch

5

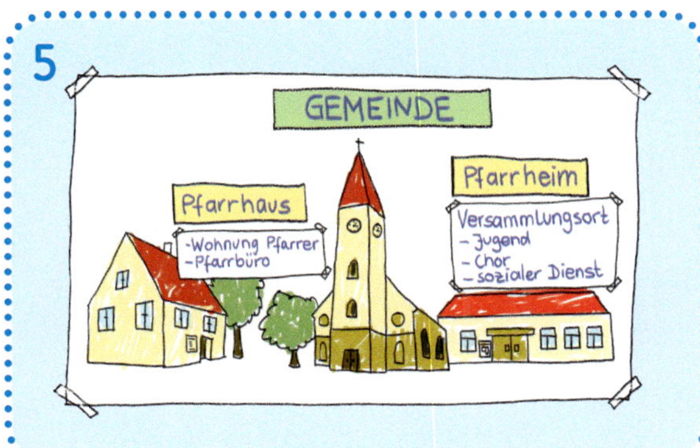
GEMEINDE
Pfarrhaus
-Wohnung Pfarrer
-Pfarrbüro
Pfarrheim
Versammlungsort
- Jugend
- Chor
- sozialer Dienst

Riechen und schmecken

- Halte eine Blume, ein Obst, ein Stück frisches Brot in deiner Hand. Rieche – schmecke – genieße!
- Das esse ich am liebsten, das rieche ich besonders gern. Erzählt, malt oder schreibt ein Elfchen.
- Unternehmt einen Riechspaziergang, zum Beispiel im Schulhaus, im Garten, im Wald, im Park.
- Plant ein gemeinsames Frühstück und achtet besonders auf das Riechen und Schmecken.

Ich atme ein.
Ich atme aus.
Ich atme ein.
Ich nehme
Gerüche wahr.
Ich kann riechen.
Ich bin dankbar.

Katrin und Steffen entdecken in der Bibel* Erzählungen, in denen Riechen und Schmecken eine Rolle spielen:

Mit dem Himmelreich ist es wie mit einem Hochzeitsmahl, das der König für seinen Sohn veranstaltet. Er sagt: „Alles ist bereit, das Mahl ist fertig. Kommt zur Hochzeit."

Nach Matthäus 22,2–4

Jesus war zu Gast im Haus des Simon. Da kam eine Frau mit einem Alabastergefäß. Es war gefüllt mit duftendem Öl aus echter Narde. Die Frau goss das duftende Öl über sein Haar. Jesus sagte: „Überall dort, wo das Evangelium* verkündet wird, wird auch erzählt, was sie getan hat."*

Nach Markus 14,3–9

- Jesus vergleicht das Himmelreich mit einem Festessen. Malt euch ein Festessen aus und stellt es einander vor.
- Die Frau verehrt Jesus mit einem duftenden Öl. Besorgt euch duftendes Öl. Salbt einander die Innenflächen der Hände. Denkt euch einen Satz dazu aus, den ihr eurem Nachbarn, eurer Nachbarin sagen wollt.
- Die Weisen aus dem Morgenland machen Jesus mit Weihrauch ein „Duftgeschenk". Lest in eurer Schulbibel die Geschichte. Besorgt euch Weihrauch. Lasst den Duft in eurem Klassenzimmer verströmen.
- Probiert aus: Atmet ein, atmet aus. Führt dabei die Arme nach oben, dann nach unten. Werdet dabei ganz ruhig und achtet nur auf den Atem.

Miteinander essen und teilen

Das Brot des Glücks

Ein alter, weiser König sprach zu seinem Sohn: „Geh hinaus in die Welt und suche das Brot des Glücks, damit du ein guter König wirst."

Der Prinz machte sich auf die Suche, aber nirgendwo fand er das Brot des Glücks. Da traf er in seiner Verzweiflung ein Kind. Es sah ihn an und sagte: „Du hast Hunger." Und es reichte ihm ein Stück Brot. Der Prinz nahm das Brot und sofort verschwand seine Not.

„Das Brot des Glücks!", rief er. „Gib mir mehr davon. Wo hast du es her?"

„Das ist das Brot, das mir heute Morgen meine Mutter gegeben hat. Du hattest Hunger, und so teilte ich es mir dir."

„Das ist alles?", fragte der Prinz. „Ist es kein besonderes Brot?"

„Nein, es ist wie jedes andere Brot."

Da erkannte der Prinz, wo das Brot des Glücks für alle Zeit zu finden war. Er kehrte nach Hause zurück und wurde ein guter König, der sein Reich mit Liebe und Weisheit regierte.

Nach Stefanie Spendel

- Zählt auf: Viele Menschen müssen arbeiten, bis wir Brot essen können.
- Besorgt euch einen Laib Brot. Betrachtet ihn genau, riecht das frische Brot, teilt es, esst es langsam und in Stille. Teilt eure Erfahrungen mit. Ihr könnt mit einem Gebet schließen.
- Erzähle: Einmal hatte ich großen Hunger ...
- Lest die Geschichte von Brot des Glücks und überlegt zu zweit: Woran erkannte der Prinz das Brot des Glücks? Besprecht eure Ergebnisse in der Klasse.

Brich mit den Hungrigen dein Brot

T: Friedrich Karl Barth 1977
M: Peter Janssens 1977

Der Mensch lebt nicht vom Brot allein.
Aus Matthäus 4,4

Jesus sagt: Ich bin für euch so notwendig wie das tägliche Brot, das ihr zum Leben braucht.
Nach Joh 6,35

Überlegt euch zu jeder Zeile des Liedes eine Pantomime und begleitet damit das Lied.

Denkt euch zu jeder Zeile des Liedes eine Geschichte aus, die dazu passt, und erzählt einander die Geschichten.

Schreibe oder male auf eine Scheibe Brot aus Tonpapier, was für Menschen so notwendig ist wie Brot. Ordnet eure „Brotscheiben“ um einen Teller.

Auf den Seiten 60 und 61 findet ihr Bilder von Menschen, die Jesus begegnet sind. Lasst die einzelnen Personen sprechen, warum die Worte Jesu hier auf dieser Seite für sie zutreffen.

Sich erinnern und feiern

- Beschreibe, was auf den Bildern gefeiert wird.
- Tauscht euch darüber aus, wie ihr am liebsten ein Fest feiert.
- Wählt ein Fest aus und verfasst dazu ein ➤ Sinnengedicht.
- Dichtet weitere Strophen zum Lied.
- Erstellt eine ➤ Mindmap: Welche Feste feiern wir? Überlegt, warum wir diese Feste feiern.

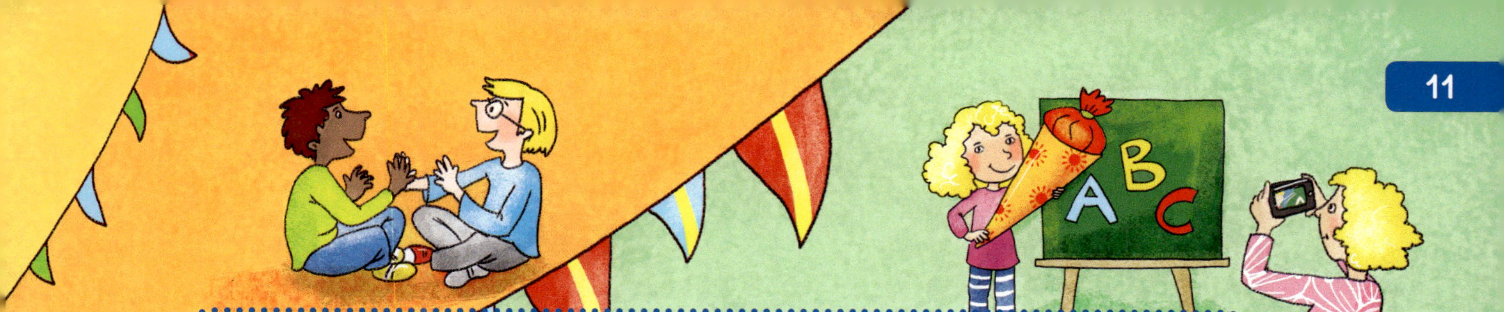

Feste feiern

T: Michael Landgraf / M: Reinhard Horn

12 Fragen und Antworten suchen

Das Bilderbuch „Die große Wörterfabrik“ erzählt von einem sonderbaren Land. In diesem Land ist es sehr still. Die Menschen dort müssen ihre Wörter kaufen und schlucken, um sie dann aussprechen zu können. Manche Wörter sind kostbar wie ein Edelstein.

wertvolle Wörter

Du, Vater, Mutter, Geburtstag, Weihnachten, Frieden ...

alltägliche Wörter

Haus, Mittagessen, Schuhe, Fahrrad ...

- Überlege: Möchtest du in diesem sonderbaren Land wohnen? Was spricht dafür, was spricht dagegen? Tausche dich mit deinem Banknachbarn, deiner Banknachbarin aus.
- ? Stell dir vor, du wohnst in diesem sonderbaren Land. Du hast Geld für fünf wertvolle Wörter. Schreibe sie auf. Überprüfe sie nach einiger Zeit. Du kannst sie auch umtauschen.
- Bilde weitere Wortschlangen: Wörter, die guttun – Wörter, die wehtun; Wörter, die ich gerne höre – die ich nicht gerne höre.
- ? Erkundige dich bei deinen Eltern: Wie hast du sprechen gelernt? Welches waren deine ersten Worte?
- Kannst du auch ohne Worte etwas Wichtiges mitteilen? Probiert es in einer Partnerübung aus.

Einige wertvolle Worte, die in der Bibel* stehen:

1. Ich werde dich segnen. Ich werde die Menschen segnen, die dich segnen. Genesis 12,2–3

2. Muss ich auch wandern in finsterer Schlucht, ich fürchte kein Unheil, denn du bist bei mir. Psalm 23,4

3. Ich bin mit dir, ich behüte dich, wohin du auch gehst. Ich verlasse dich nicht. Genesis 28,15

4. Holt das beste Gewand. Wir wollen feiern und fröhlich sein. Lukas 15,22 und 24

5. Jesus sagt: „Lasst die Kinder zu mir kommen.“ Und er segnete sie. Markus 10,14–16

6. Ich habe mich sehr gefreut, mit euch dieses Pascha-Mahl zu essen.* Lukas 22,15

7. Gott, halte dich nicht fern, komm mir zu Hilfe. Psalm 22,20

Wähle eine Person aus. Erzähle, was du von ihr weißt. Finde für sie den Satz, der zu ihrer Geschichte passt.

Suche einen Satz aus. Überlege, wann er für dich wertvoll sein kann. Schreibe ihn in dein Ich-Buch und verziere ihn.

Du kannst selbst einen Satz oder ein Wort finden, mit dem du Gott bitten oder danken willst.

Manche Worte können wir uns nicht selbst sagen, sie müssen uns geschenkt werden. Sucht solche Worte und überlege mit deinem Banknachbarn, deiner Banknachbarin, warum das so ist.

Halte in deinem Ich-Buch eine Seite frei, die du von Zeit zu Zeit mit Worten oder Sätzen füllst, die für dich wichtig oder wertvoll sind.

Das kannst du im Religionsunterricht tun

Diese Zeichen geben an, wie du die Aufgaben bearbeiten kannst.

Bei Wörtern mit einem ➤ Pfeil kannst du auf den Seiten 108–111 nachsehen. Dort sind die Methoden genauer erklärt.
Bei Wörtern mit einem Sternchen* suchst du im Lexikon auf den Seiten 112–119.

- Suche etwas im Bild oder im Text. Schau genau!
- Male oder schreibe oder gestalte. Hier tust du etwas mit den Händen.
- Hier sprichst du. Oder du besprichst etwas mit anderen.
- Tu etwas mit der Gruppe.
- Besprecht eine Frage. Bei manchen Fragen muss man immer weiter fragen.
- Hier kannst du still werden, beten, feiern.
- Besonders Wichtiges malst oder schreibst du in dein Ich-Buch (siehe Seite 105).

1 Nach Gott fragen

Sich Gott vorstellen

Benno und Karen berichten: In unserer Klasse haben wir eine Fragekiste mit vielen Bildern, Gegenständen und Sätzen, die wir gesammelt haben.

Von Zeit zu Zeit holen wir eine Karte, einen Gegenstand oder einen Satz-Streifen heraus und sprechen darüber.

- Wählt aus der Fragekiste einen Satz oder einen Gegenstand. Besprecht in der Gruppe: Warum habe ich diesen Gegenstand oder diesen Satz gewählt? Gibt es andere Sätze oder Gegenstände, die dazu passen?
- Legt mit verschiedenen Materialien eine Collage, die zu eurer Vorstellung von Gott passt. Erklärt der Klasse eure Collage.
- Probiert aus: Bringt mit euren Instrumenten eure Vorstellung von Gott zum Klingen.
- ? Gestaltet selbst eine Fragekiste. Sammelt Gegenstände, malt und schreibt eure Fragen zu Gott auf Streifen. Gemeinsam könnt ihr damit über Gott nachdenken und weiterfragen.

Wie Katharina sich Gott vorstellt

„Gott ist ganz anders als wir“, sagt der Lehrer zu den Kindern.
„Er ist ein Geheimnis. Wir Menschen können ihn uns nicht vorstellen.“
„Ich will ihn mir aber vorstellen!“, ruft Katharina.
Der Lehrer lacht.
„Du kannst es ja versuchen, Katharina. Nur darfst du ihm nicht vorschreiben, dass er so sein muss, wie du ihn dir vorstellst.“
„Natürlich nicht“, sagt Katharina.
Und Katharina denkt nach und denkt sich Bilder aus:
Hätte Gott einen Mantel, so wäre der aus Sternen und Meer gemacht und mit Vögeln bestickt. Die Vögel, die könnten singen.
Hätte Gott Füße wie wir, so würde er barfuß gehen, damit er den Sand zwischen den Zehen spürt, das kühle Moos auf den Steinen im Bach, den harten Beton. Er würde alles spüren und spüren wollen.
Hätte Gott eine Stimme wie wir, er würde lachen und weinen, und Katharina könnte schon am Klang seiner Stimme merken, wie er es meint.
Manchmal hätte er eine Stimme wie Jakob, wenn sie gestritten haben: „Katharina, magst du mich nicht fragen, ob ich dir wieder gut bin?“
Manchmal hätte er eine Stimme wie Katharinas Mutter, wenn sie am Abend die Decke um Katharina festdrückt und sagt: „Jetzt schlaf gut, du bist meine ganz liebe Katharina.“

Lene Mayer-Skumanz

Katharina denkt sich Bilder von Gott aus. Erkläre, welches Bild dir am besten gefällt.

Denke dir eigene Bilder von Gott aus: Hätte Gott eine Farbe, dann ...

Male, wie du dir Gott vorstellst. Gestaltet mit euren Bildern eine Ausstellung.

Über Gott nachdenken

Früher wusste ich nicht so genau, ob ich an Gott glauben soll oder nicht.

Heute denke ich über Gott, dass es ihn wirklich gibt. Ich glaube, dass er in mir ist und in vielen Menschen.

Früher dachte ich, Gott ist unsichtbar. Er hat alles erschaffen, die Menschen, die Tiere und die Pflanzen.

Heute weiß ich gar nicht, ob es ihn gibt. Richtig an Gott glaube ich zurzeit nicht.

- Malt oder schreibt: So sah mein Bild von Gott früher aus, so sieht es heute aus. Stellt einander in der Gruppe eure Bilder oder eure Texte vor. Sucht gemeinsam nach Gründen: Weshalb hat sich eure Vorstellung von Gott geändert?
- Diskutiert: Warum gibt es so viele Vorstellungen von Gott?
- Stellt in einem ➤ Placemat dar: Wo könnt ihr etwas über Gott erfahren?

Woher weiß ich denn etwas über Gott?

Gott kann man nicht malen

2. Gott kann man nicht sehen,
aber Gott sieht die Welt.
Die Menschen sieht er unterm Himmelszelt,
die Sorgen sieht er, und wenn du dich freust.
Auch wenn du wegläufst, sieht er hinterher.
Wer hätte denn sonst die Augen erdacht?
Gott hat sie gemacht.

3. Gott kann man nicht hören,
aber Gott hört dir zu.
Du kannst ihn fragen. Er weiß, du bist du.
Er hört die Bitten, er hört die Sorgen,
er hört deine Angst, er hört auch noch morgen.
Wer hätte denn sonst die Liebe erdacht?
Gott hat sie gemacht.

Gott erfahren – im Traum

Jakob hatte seinen Vater Isaak getäuscht
und seinen Bruder Esau betrogen.
Jetzt fürchtete er um sein Leben.
Er floh in ein fremdes Land.
Die Sonne war untergegangen.
Jakob schlief ein.
Er träumte:
Er sah eine Leiter, die reichte von der Erde bis zum Himmel.
Engel stiegen auf der Leiter auf und nieder.
Gott stand oben und sagte zu Jakob:
„Ich bin der Herr, der Gott Abrahams und der Gott Isaaks.
Das Land, auf dem du liegst,
gebe ich dir und deinen Nachkommen.
Ich bin mit dir.
Ich behüte dich, wohin du auch gehst.
Ich bringe dich zurück in dieses Land.
Ich verlasse dich nicht.“
Jakob erwachte und sagte:
„Wirklich, Gott ist an diesem Ort
und ich wusste es nicht.“
Er fürchtete sich und sagte:
„Dieser Ort ist heilig!
Hier ist das Haus Gottes.“
Jakob nahm einen Stein.
Er stellte ihn als Steinmal auf.
Jakob goss Öl darauf.
Er gab dem Ort den Namen Bet-El,
das heißt Haus Gottes.

Nach Genesis 28,12–19

- Was befürchtet Jakob? Schreibe seine Ängste auf einen „Stein“ aus Tonpapier.
- Zeichne eine Leiter in dein Heft. Schreibe die Versprechen, die Gott Jakob macht, zwischen die Sprossen der Leiter. Den beschrifteten „Stein“ kannst du an den Fuß der Leiter kleben.
- Wähle eines der Versprechen Gottes aus und verwende es als Überschrift für deine Zeichnung.
- Kannst du dir eine Situation vorstellen, in der das Versprechen Gottes auch dir helfen kann? Schreibe in dein Ich-Buch.
- Jakob hat Angst. Im Traum erscheint ihm Gott. Beschreibe, wie der Künstler beides in seinem Bild dargestellt hat.

Gott erfahren – in der Stille

Elija war ein Prophet Gottes.*
Er setzte sich dafür ein, dass Jahwe allein als Gott verehrt wurde.*
Die Königin Isebel war gegen seine Predigt.
Sie verfolgte ihn und wollte ihn töten.
Elija geriet in Angst.
Er floh in die Wüste. Er wünschte sich den Tod.
Ein Engel kam und berührte ihn.
Er sprach: „Steh auf und iss! Der Weg ist weit.“
Die Speise stärkte ihn.
Elija wanderte vierzig Tage und vierzig Nächte bis zum Gottesberg Horeb.
Er wollte in einer Höhle übernachten.
Der Herr sprach zu ihm:
„Warum bist du hierhergekommen, Elija?“
Er antwortete: „Mit großer Begeisterung habe ich für dich gekämpft.
Aber die Menschen verfolgen deine Propheten.
Sie wollen auch mich töten.“
Der Herr antwortete:
„Komm heraus. Stell dich auf den Berg vor den Herrn!“
Dann zog der Herr vorüber:
Ein starker, heftiger Sturm ging vor ihm her.
Der Sturm zerriss die Berge. Er zerbrach die Felsen.
Doch der Herr war nicht im Sturm.
Nach dem Sturm kam ein Erdbeben.
Doch der Herr war nicht im Erdbeben.
Nach dem Beben kam ein Feuer.
Doch der Herr war nicht im Feuer.
Nach dem Feuer kam ein sanfter Wind, ein sanftes, leises Säuseln.
Elija hüllte sein Gesicht in den Mantel und ging hinaus.
Er stellte sich an den Eingang der Höhle.

Nach 1 Könige 19,1–13

- Sturm, Feuer, Erdbeben, sanfter Wind: Erstellt mit Instrumenten ein Klangbild oder malt.
- Schau das ➤ Bild genau an. Suche die Sätze in der Erzählung, die zu dem Bild passen.
- Wie hat der Künstler die unerwartete Erfahrung des Elija dargestellt? Nimm die Haltung des Elija ein und lausche in dich hinein.
- Vergleiche: Wie hat Elija sich Gott vorgestellt und wie hat er ihn erfahren?

Gott heute finden – in der Natur, im Menschen

In einem kleinen Dorf in der Nähe von Shanghai lebt Lin. Die Bewohner achten ihn wegen seiner Freundlichkeit und Friedfertigkeit. Einmal fragt ihn der Dorfvorsteher, wie er zu seiner Freundlichkeit gekommen sei. Da lächelt Lin und sagt: „Ich bin stets in der Nähe Gottes gewesen."

„Wo", fragt der Dorfvorsteher, „bist du Gott nahe gewesen?" Lin schaut sich um, blickt zum Himmel und zur Erde und meint: „Der Gesang der Vögel, das Funkeln der Sterne und der Glanz der Sonne erzählen von Gott. Von ihm erzählen die Jahreszeiten: im Winter die Schneeflocke und das Eis, das sich am Zweig bildet; im Frühling das Summen der Hummeln und das Aufbrechen der Knospen. Im Sommer schmücken die Blumen die Wiesen. Das reife Korn, die herbstlichen Blätter und der brausende Sturm, alles kündet von Gott."

Lin sieht den Dorfvorsteher eine Weile an und fährt fort: „Willst du aber Gott spüren, dann geh in die Großstadt. Betrachte die Menschen, die zur Arbeit eilen, den Verkäufer, der gekonnt sein Obst ausbreitet, das Paar, das seine Mittagspause genießt, den Greis, der sich auf der Parkbank ausruht. – Vor allem aber stürze dich am Abend in das Getümmel der Großstadt, wenn der Verkehr nur schubweise fließt, wenn die Lichter der Warenhäuser erstrahlen, die Menschen in den Restaurants zu Abend essen. Genieße die Zeit, wenn das grelle und bunte Neonlicht allmählich erlischt, wenn der Lärm in den Straßen verebbt und wenn die Nacht sich wie ein dunkles Tuch auf die Dächer legt."

Lin holt tief Luft und nickt: „Ja, auch in der Unruhe der Großstadt erfährst du Gott." Nach einer Weile sagt er: „Willst du aber Gott sehen, dann gehe in den Kindergarten, in jedem Gesicht spiegelt sich Gott wider."

Heribert Haberhausen

Lin findet Gott an unterschiedlichen Orten: Er ist ihm nahe, er spürt ihn und er sieht ihn. Suche in der Geschichte Beispiele dafür.

Spielt Lin und den Dorfvorsteher. Der Dorfvorsteher hat noch viele Fragen. Lin antwortet ihm. Denkt euch aus, wie das Gespräch weitergeht.

Du bist im Lachen

- Schließ die Augen. Stell dir den Tag heute vor. Auf was freust du dich? Was gefällt dir nicht? Was wünschst du dir?
- Male oder schreibe das auf Papierstreifen. Legt eure Papierstreifen in eine Schale oder in eine Schachtel.
- Nehmt einzelne Papierstreifen heraus. Lest vor, was darauf steht, und singt den Kehrvers: „Du bist im Lachen und im Leid …“

Nachdenken – mitfühlen – handeln

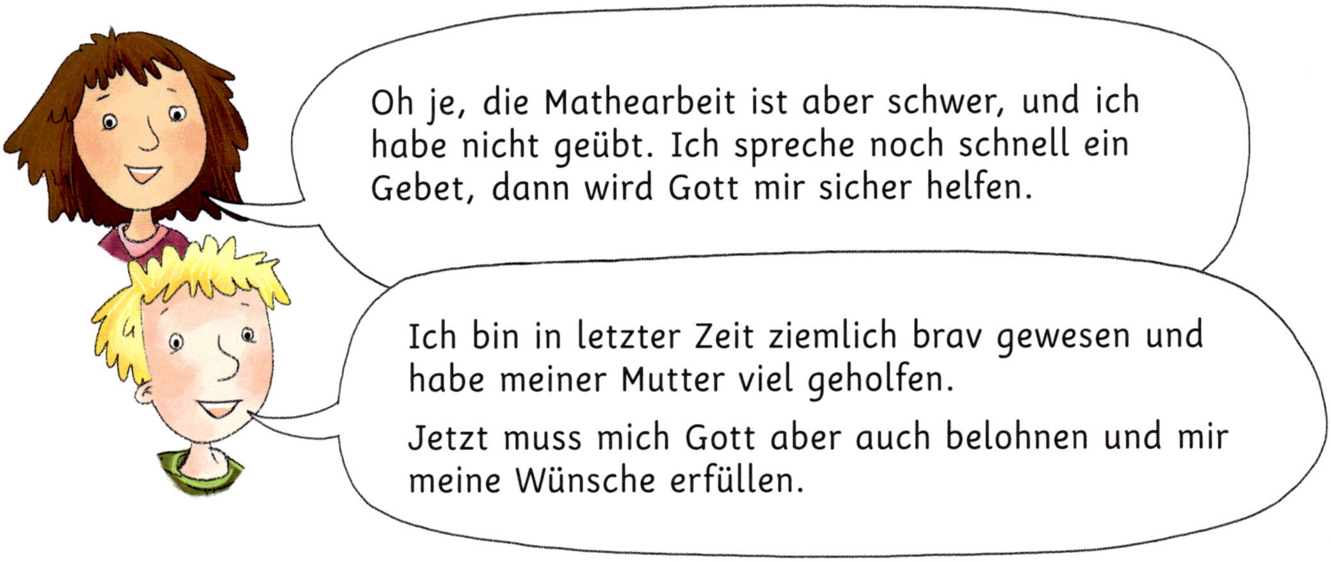

„Ich sage zum Herrn: Du bist mein Gott.
Vernimm, o Herr, mein lautes Flehen!“
Psalm 140,7

- Suche im Kapitel nach Personen, die den Psalm* gesprochen haben könnten.
- Diskutiert in der Gruppe die Wünsche der beiden Kinder.
- Schau das ➤ Bild von Seite 15 genau an. In der unteren Hälfte sind technische Zeichnungen und ein Gesicht erkennbar. Die Zeichnungen weisen darauf hin, was Menschen alles können. Zähle auf, was dir dazu einfällt.
- Der Künstler Paul Klee hat sein Bild „Grenzen des Verstandes“ genannt. Sammelt mithilfe der ➤ Mindmap Beispiele für Fragen, die wir nicht beantworten können.
- Der obere Bereich des Bildes ist von einer Sonne umstrahlt. Zu ihm führen nur schmale Leitern. Überlege: Was kann das bedeuten?

Ich bin gefragt

- Das habe ich verstanden und neu gelernt.
- Das will ich mir aus diesem Kapitel besonders merken.
- Darüber möchte ich weiter nachdenken.

Mit Gott auf dem Weg

Rechtlos und unterdrückt in Argentinien

Frau Huber war viele Jahre lang Religionslehrerin in Augsburg. Jetzt lebt sie in Moreno, einer Stadt im Süden von Argentinien. Dort arbeitet sie im Auftrag der Diözese Augsburg für die Kirche* der Armen. Sie schreibt einen Brief an die Schülerinnen und Schüler ihrer ehemaligen Schule.

Liebe Schülerinnen, liebe Schüler,

ihr habt mich gebeten, über mein Leben hier in Moreno zu berichten. Darüber freue ich mich und erzähle euch gerne von meiner Arbeit in Argentinien.

Die Menschen hier sind sehr arm. Die meisten haben keine Arbeit, weil viele Fabriken geschlossen sind. Die Familien haben kaum Geld, um sich genug zu essen zu kaufen. Das ist schlimm. Darum suchen die Frauen in der Gemeinde gemeinsam nach kleinen Verbesserungen.

Ich erzähle euch einmal von einer solchen Zusammenkunft: Zuerst beten wir zusammen: Gott möge bei uns sein. Dann lesen wir einen Text aus der Bibel und sprechen darüber. Das letzte Mal haben wir gelesen: „Der Herr sprach zu Mose: Ich habe das Elend meines Volkes gesehen und ihre laute Klage gehört.“ Da haben sich die Frauen gefragt: Was ist unsere laute Klage, die Gott hören soll? Und dann haben sie angefangen, ihre vielen Leiden aufzuzählen:*

- *Unsere Wohnungen sind nur Hütten, mit Brettern zusammengenagelt. Sie sind kein Schutz gegen die Kälte im Winter, gegen die Hitze des Sommers, gegen Überschwemmungen.*
- *Wenn wir krank sind, können wir keinen Arzt bezahlen. Auch die Medikamente sind viel zu teuer.*
- *Unsere Kinder haben nur unregelmäßig Schule. Die Lehrer streiken oft, weil sie über Monate keinen Lohn bekommen.*
- *Viele Jugendliche, die keine Arbeit finden, leben auf der Straße und plündern auch schon mal Geschäfte.*

Das sind nur ein paar Beispiele, die die Frauen aufzählten. Ihr fragt natürlich, was die Frauen tun können. Wichtig ist, die Hoffnung nicht aufzugeben: Gott ist auch in der Armut bei uns. Und es ist schön zu erfahren, dass Menschen einander helfen. Ich bekomme zum Beispiel viele Spenden und Geld aus Deutschland. In unserer Gemeinde verteilen wir dann Kleider und Essenspakete, Medikamente und Hefte und Stifte für die Schule.

Außerdem schreiben wir an die Politiker, damit sie die Not sehen und die Lage der Menschen verbessern. Wir haben sogar schon demonstriert gegen ungerechte Verhältnisse. Seit einiger Zeit können wir in der Gemeinde Kurse für Jugendliche anbieten. Mädchen lernen, Kleider zu schneidern, und Jungen lernen, mit Werkzeugen umzugehen. Vielleicht bekommen die Jugendlichen dann doch einmal Arbeit. Wir helfen Frauen, damit sie lesen und schreiben lernen. Noch vieles könnte ich euch erzählen. Aber fürs Erste habt ihr einen kleinen Einblick in meine Arbeit gewonnen. Einige Bilder schicke ich mit, damit ihr euch in die Situation der Menschen in Moreno ein wenig einfühlen könnt.

Ich freue mich auf eine Nachricht von euch aus der Heimat
Eure Christl Huber

Lest den Brief aufmerksam durch. Vergleicht die Probleme der Frauen in Moreno mit der Situation bei uns.

Nur unregelmäßig zur Schule gehen, das ist prima!
Diskutiert diese Aussage.

? Was wird Christl Huber antworten, wenn ihr sie fragt: Warum lesen Sie mit den armen Frauen in der Bibel?

Fremd und unterdrückt in Ägypten

Fremd und unterdrückt: Stellt einzelne Szenen des Comics als ➤ Standbilder dar.

Stellt euch vor: Ihr seid eine israelitische Familie. Die Mutter erwartet ein Kind. Spielt das Gespräch in der Familie nach.

Mirjam, die Schwester des Mose, beobachtet, wie ihre Mutter ihren Bruder in einem Binsenkörbchen versteckt. Fühle dich in Mirjam ein und tauscht euch darüber aus, was sie fühlt.

Suche Gründe dafür, die Mose zu seiner Tat gebracht haben. Hätte Mose sich auch anders entscheiden können? Spielt verschiedene Möglichkeiten durch.

Hoffnung für die Israeliten

Der brennende Dornbusch

Mose weidete als Hirte in Midian die Schafe und Ziegen seines Schwiegervaters Jitro. Einmal trieb er das Vieh weit hinaus. Er kam zum Gottesberg Horeb. Dort sah er einen Dornbusch. Dieser brannte, aber verbrannte nicht. Mose ging hin, um ihn sich genauer anzusehen. Gott rief ihm aus dem Dornbusch zu: „Mose, Mose!“ Er antwortete: „Hier bin ich.“ Gott sagte: „Komm nicht näher! Zieh deine Schuhe aus. Dieser Ort ist heiliger Boden.“

Gott offenbart seinen Namen

Dann sprach Gott: „Ich bin der Gott deines Vaters, der Gott Abrahams, der Gott Isaaks und der Gott Jakobs.“ Mose bedeckte sein Gesicht. Er fürchtete sich, Gott anzuschauen.
Und Gott sprach: „Ich habe die Not meines Volkes Israel gesehen. Ich kenne sein Leid. Ich werde die Menschen aus Ägypten befreien. Ich werde sie in das schöne, weite Land Kanaan führen. Das ist ein Land, in dem Milch und Honig fließen. Und jetzt geh zum Pharao*. Führe mein Volk aus Ägypten heraus.“*
Mose antwortete: „Wer bin ich denn schon? Wie kann ich zum Pharao gehen?“
Gott aber sagte: „Ich bin bei dir. Ich beschütze dich. Wenn mein Volk frei ist, wird es mich hier an diesem Berg anbeten.“
Da sagte Mose: „Gut. Ich werde den Israeliten sagen: Der Gott eurer Väter hat mich geschickt. Dann werden sie mich fragen: Wie heißt denn dieser Gott? Was soll ich ihnen darauf sagen?“
Da antwortete Gott dem Mose: „Ich bin, der ich bin. Sag den Israeliten: JAHWE, der Gott eurer Väter hat mich geschickt. Das ist mein Name für immer.“*

Nach Exodus 3,1–15

Der Künstler Dan Rubinstein hat in dem Bild die Begegnung von Mose mit Gott dargestellt. Was konnte er nicht zeigen?

Jahwe sendet Mose zum Pharao: Mose hat große Bedenken. Gott bestärkt ihn. Lest den Text mit verteilten Rollen.

Gott verspricht Mose „Ich bin bei dir“ und stellt sich vor als „Ich bin, der ich bin.“ Sucht in der Erzählung nach Textstellen, wie Gott seinen Namen in die Tat umsetzt.

Jahwe heißt: Ich bin, der ich bin. Manche Bibeln übersetzen den Namen auch so: Ich bin der „Ich bin da“. Was kann das bedeuten
... für Mose,
... für die unterdrückten Israeliten,
... für den Pharao?
Bildet Vierergruppen. Wählt euch jeweils eine Frage aus und arbeitet mit der ➤ Placemat-Methode.

Eine Idee für dein Ich-Buch:
Ich erinnere mich an ein Ereignis, bei dem Gott bei mir war.

Eine neue Erfahrung – Gott befreit

Der Pharao lässt die Israeliten ziehen

Mose ging zum Pharao. Er bat ihn, die Israeliten aus Ägypten* ziehen zu lassen. Doch der Pharao lehnte diese Bitte ab. Gott schickte viele Plagen wie zum Beispiel Heuschrecken, die so zahlreich waren, dass sie alles auffraßen. Endlich war der Pharao bereit, die Israeliten ziehen zu lassen.*

Der Pharao verfolgt die Israeliten

Der Pharao ließ das Volk ziehen. Schnell backten die Israeliten vor dem Aufbruch aus Mehl und Wasser Mazzen. Jahwe* führte sie durch die Wüste zum Schilfmeer. Am Tag zeigte er ihnen den Weg in einer Wolkensäule. In der Nacht war er in einer Feuersäule bei ihnen. Der Pharao hörte, dass die Israeliten aus Ägypten weggezogen waren. Jetzt reute es ihn und er verfolgte sie mit den Streitwagen. Die Israeliten aber zogen voll Vertrauen weiter.*

Gott führt sein Volk durch das Meer

Der Pharao und seine Streitwagen kamen näher. Die Israeliten erschraken und schrien zu Jahwe. Mose sagte zu ihnen: „Fürchtet euch nicht. Bleibt stehen und seht selbst, wie der Herr euch heute rettet.“ Jahwe sagte zu Mose: „Heb deinen Stab hoch. Strecke deine Hand über das Meer. Zerteile es. Die Israeliten können auf trockenem Boden durch das Meer ziehen. Ich zeige dem Pharao, dass ich Gott bin.“ Mose streckte die Hand über das Meer aus. Ein starker Wind hatte es ausgetrocknet. Es teilte sich. Die Israeliten zogen auf trockenem Boden durch das Meer. Rechts und links von ihnen stand das Wasser wie eine Mauer. Die Ägypter verfolgten die Israeliten. Als die Israeliten am anderen Ufer angelangt waren, streckte Mose wieder seine Hand über das Meer. Das Wasser kam zurück. Die Ägypter liefen ihm auf der Flucht entgegen. An diesem Tag rettete Jahwe sein Volk. Die Israeliten glaubten an ihn und vertrauten Mose.

Nach Exodus 13,17–14,31

- Jahwe rettet die Israeliten. Lies die Geschichte und suche die Stellen, an denen dies deutlich wird.
- Vergleiche die biblische Geschichte mit dem Bild. Beschreibe, was der Künstler besonders hervorhebt.
- Wähle eine Person aus dem Bild aus und lass sie darüber sprechen, was sie erlebt hat oder gerade erlebt.
- ? Die Israeliten erinnerten sich immer wieder an die Rettung am Schilfmeer. Zunächst erzählten sie: Gott schickte einen starken Wind. Später sagten sie: Das Wasser stand rechts und links wie eine Mauer. Sucht im Text die beiden Möglichkeiten und diskutiert: Was ist bei beiden Vorstellungen wichtig?
- Schau dir das ➤ Bild auf Seite 27 an. Wo ist dargestellt, wie die Israeliten am Schilfmeer gerettet werden? Vergleiche diese Darstellung mit dem Bild auf dieser Seite.

Frei bleiben ...

Am Sinai

Im dritten Monat nach dem Auszug aus Ägypten kamen die Israeliten in die Wüste Sinai. Dort schlugen sie ihr Lager auf, gegenüber dem Gottesberg. Mose stieg zu Gott hinauf. Da rief Gott ihm zu: „Das sollst du den Israeliten verkünden: Ihr habt gesehen, was ich für euch getan habe. Ich habe euch wie auf Adlerflügeln getragen und hierher zu mir gebracht. Jetzt aber, wenn ihr auf meine Stimme hört und meinen Bund haltet, werdet ihr unter allen Völkern mein besonderes Eigentum sein. Ihr sollt mir gehören als ein heiliges Volk. Das sind meine Worte, die du den Israeliten mitteilen sollst.“*

Nach Exodus 19,1–6

- Mose stieg zu Gott hinauf. Beschreibe, wie der Künstler das auf dem Bild Seite 25 dargestellt hat.
- Die Israeliten waren Eigentum des Pharao* und wurden nun Eigentum Jahwes*. Stellt zusammen,
  - wie es den Israeliten als Eigentum des Pharao erging. Benutzt dazu die Seiten 30, 31 und 34.
  - wie es den Israeliten als Eigentum Jahwes erging. Benutzt dazu die Seiten 32, 34 und 35.

  Stellt eure Ergebnisse in einer Tabelle gegenüber und sucht für beide Spalten eine passende Überschrift.
- ? Der untere Bildabschnitt zeigt, was die Israeliten im neuen Land erwartet. Überlege, warum sie auch dort Gebote brauchen (siehe Seite 37).

… und Gottes Weisungen folgen

Nach Exodus 20,2–17

Lies die Einleitung zu den zehn Weisungen.
Erkläre, welche Aufgabe sie hat.

? Finde heraus, warum die Weisungen 1–3 und die Weisungen 4–10 zusammengehören. Suche passende Überschriften für die beiden Tafeln.

Stellt euch vor, wie es wäre, wenn es diese zehn Weisungen, die man auch Zehn Gebote* nennt, nicht gäbe. Diskutiert darüber.

Spielt ein mögliches Gespräch zwischen Simon, einem jungen Israeliten, und Mose.
Simon sagt: „Zuerst hat Jahwe uns in die Freiheit geführt und nun will er uns wieder alles vorschreiben.“
Wählt eine Weisung aus und überlegt: Was kann Mose dem Simon antworten?

Sich entscheiden – über Folgen nachdenken

Das Fahrrad

Lenas Fahrrad wurde aus der Fahrradhalle der Schule gestohlen. Die Versicherung fragt nach, ob das Fahrrad abgeschlossen war. Nur dann zahlt die Versicherung den Schaden. Allein Lena kennt die Wahrheit ...

Im Kaufhaus

Lukas und Silas haben in der DVD-Abteilung des Kaufhauses gestöbert. Von einer DVD sind sie begeistert. Sie schauen auf den Preis und zählen ihr Geld. Selbst wenn sie zusammenlegen, könnten sie die DVD nicht kaufen.
„Schau mal, wie viele DVDs hier herumliegen“, sagt Lukas, „bei einem so großen Kaufhaus fehlt doch kaum Geld, wenn wir eine DVD heimlich mitgehen lassen!“
„Ich weiß nicht“, zögert Silas.

? Ihr seid die Freundinnen von Lena. Wie soll sich Lena verhalten? Helft ihr bei ihrer Entscheidung.

Wie geht die Geschichte im Kaufhaus weiter? Spielt verschiedene Situationen durch.

Training am Sonntag

Julia tanzt schon seit einigen Jahren in einer Kindertanzgruppe. Sie haben immer wieder Auftritte und Turniere. Am nächsten Sonntag ist ein wichtiges Turnier, bei dem es darum geht, ob ihre Gruppe in der Punktewertung in eine andere Klasse aufsteigen kann. Das Turnier beginnt am Nachmittag um 15 Uhr.

„Wir müssen unbedingt am Sonntagvormittag noch trainieren, damit wir am Nachmittag gut in Form sind“, bestimmt die Trainerin Silke.

Julia und ihre Freundin Andrea erschrecken. „Da haben wir keine Zeit, am Sonntagvormittag gehen wir in die Kirche*. Wir werden als Erstkommunionkinder der Gemeinde vorgestellt.“

Die anderen Mädchen protestieren: „Das könnt ihr nicht machen, wir brauchen euch!“

Die beiden Mädchen suchen mit ihrer Trainerin Silke nach einer Lösung. Besprecht verschiedene Möglichkeiten.

? Überlegt, wie die Entscheidungen in den drei Geschichten mit Gottes Weisungen zusammenhängen. Sucht in den Weisungen (Seite 37) nach Hilfen für eure Wahl.

Erinnerung an die Befreiung – das Pascha-Fest

Ich bin Ben, ich bin sieben Jahre alt. Meine Familie und ich, wir sind gläubige Juden.
In den vergangenen Religionsstunden habt ihr einiges aus der Geschichte der Israeliten erfahren.
Bis zum heutigen Tag feiern wir Juden das Fest der Befreiung. Wir nennen es Pascha*. Wir erinnern uns an diesem Fest an den Aufbruch aus Ägypten*.
Zu Beginn versammelt sich die ganze Familie zum Seder-Abend: Wir sitzen festlich gekleidet um den Tisch mit vielen Speisen und Getränken.

Besonders wichtig ist dabei der Seder-Teller*. Die Speisen auf ihm erinnern an die Zeit der Sklaverei und an den Auszug aus Ägypten.
Manches davon gibt es nur bei dieser Feier, zum Beispiel Mazzen*, eine Schüssel mit Salzwasser, einen Lammknochen und bittere Kräuter: Das kann zum Beispiel Meerrettich oder Kopfsalat sein.

Seder-Teller mit Bitterkräutern, braunem Mus, Ei und Lammknochen, dazu Wein und Mazzen.

? Finde heraus, woran die Speisen auf dem Seder-Teller erinnern:
die Bitterkräuter, das Salzwasser, das Ei, die Mazzen, der Lammknochen.
Du kannst dafür auch das Lexikon in diesem Buch benutzen.

Zu Beginn des Pascha-Festes entzündet die Mutter die Kerzen und der Vater segnet Brot und Wein. Ehe wir gemeinsam die Geschichte vom Auszug des Volkes Israel aus Ägypten lesen, darf ich als Jüngster der Familie die vier wichtigen Fragen stellen:

Warum ist diese Nacht anders als alle anderen Nächte?
Warum essen wir in dieser Nacht ungesäuerte Brote?
Warum tauchen wir in dieser Nacht unsere Kräuter in Salzwasser?
Warum sitzen wir in dieser Nacht alle angelehnt?

Beantworte die vier wichtigen Fragen bei der Pascha-Feier. Du kannst dabei die Geschichte der Befreiung (Seite 34) nochmals lesen.

„Warum sitzen wir angelehnt?“ Probiert es einmal aus:

Wenn ich vorne auf der Stuhlkante sitze, dann ...
Wenn ich angelehnt sitze, dann ...
Jetzt kannst du die vierte Frage beantworten.

Erinnerung an die Befreiung – den Sabbat halten

Ben erzählt weiter:
Der Sabbat* hat für uns Juden eine große Bedeutung. Er beginnt am Freitagabend damit, dass die Mutter die Sabbat-Kerzen entzündet.
Wir gehen zum Gottesdienst in die Synagoge*. Die Anweisung, wie wir den Sabbat halten sollen, steht ausführlich in den zehn Weisungen*:

Achte auf den Sabbat: Halte ihn heilig, wie es dir der Herr, dein Gott, zur Pflicht gemacht hat. Sechs Tage darfst du schaffen und jede Arbeit tun. Der siebte Tag ist ein Ruhetag, dem Herrn, deinem Gott, geweiht. An ihm darfst du keine Arbeit tun: du, dein Sohn und deine Tochter, dein Sklave und deine Sklavin, dein Rind, dein Esel und dein ganzes Vieh und der Fremde, der in deinen Stadtbereichen Wohnrecht hat. Dein Sklave und deine Sklavin sollen sich ausruhen wie du.
Denk daran: Als du in Ägypten Sklave warst, hat dich der Herr, dein Gott, mit starker Hand und hoch erhobenem Arm dort herausgeführt. Darum hat es dir der Herr, dein Gott, zur Pflicht gemacht, den Sabbat zu halten.*

Deuteronomium 5,12–15

- Besprich dich mit deinem Partner, deiner Partnerin: Was wundert dich an dem Text, was ist dir fremd?
- Sucht gemeinsam nach Beispielen, wie Menschen heute den Sabbat „heiligen" können. Vergleicht eure Ergebnisse in der Klasse.
- Erkläre, woran sich die Juden am Sabbat erinnern.
- ? Christen feiern den Sonntag als Tag des Herrn. Woran erinnern sie sich?
- Überlegt, wie für euch ein Sonntag als ein Tag der Freiheit aussehen könnte. Arbeitet mit der ➤ Placemat-Methode.

Wie Juden ihren Glauben bekennen

שְׁמַע יִשְׂרָאֵל. יְהוָֹה
אֱלֹהֵינוּ יְהוָֹה אֶחָד׃

Schma Israel JHWH (Adonai)
Elohenu JHWH (Adonai) Ächad
Deuteronomium 6,4

Höre, Israel!
Jahwe, unser Gott, Jahwe ist einzig.*

Du sollst den Herrn, deinen Gott,
lieben mit deinem ganzen Herzen
und deiner ganzen Seele
und deiner ganzen Kraft.
Deuteronomium 6,4–5

Diese Worte sollen auf deinem Herzen geschrieben stehen. Du sollst sie deinen Söhnen und Töchtern wiederholen. Du sollst von ihnen reden, wenn du zu Hause sitzt und wenn du auf der Straße gehst, wenn du dich schlafen legst und wenn du aufstehst. Du sollst sie als Zeichen um das Handgelenk binden. Sie sollen zum Schmuck auf deiner Stirn werden. Du sollst sie auf die Türpfosten deines Hauses und in deine Stadttore schreiben.

Deuteronomium 6,6–9

*Junge mit Tora-Rolle**

*Junge mit Tefillin**

Mesusa an Türpfosten*

Beschreibt die drei Fotos. Warum sind diese Gegenstände für Juden so wichtig?

Sammelt zu zweit in einer ➤ Mindmap Zeichen oder Symbole, die Christen an Gott oder an Jesus erinnern.

Nachdenken – mitfühlen – handeln

Gottes Wort ist wie Licht in der Nacht

T: Hans Herrmann Bittger 1983 © Bistum Essen
M: Josef Jacobsen 1935

Schreibt jede der zehn Weisungen von Seite 37 auf ein Blatt. Besorgt euch Holz- oder Legosteine. Jeder erhält drei Steine. Welche drei Weisungen hältst du selbst für besonders wichtig? Leg deine Steine dorthin. Wenn alle Steine verteilt sind, seht ihr, bei welchen Weisungen die meisten Steine liegen. Diskutiert euer Ergebnis.

Male in dein Ich-Buch eine Kerze. Schreibe in die Flamme der Kerze Worte aus dem Lied, die für dich etwas bedeuten.

Ich bin gefragt

- Das habe ich verstanden und neu gelernt.
- Das will ich mir aus diesem Kapitel besonders merken.
- Darüber möchte ich weiter nachdenken.

3 Ich – du – wir

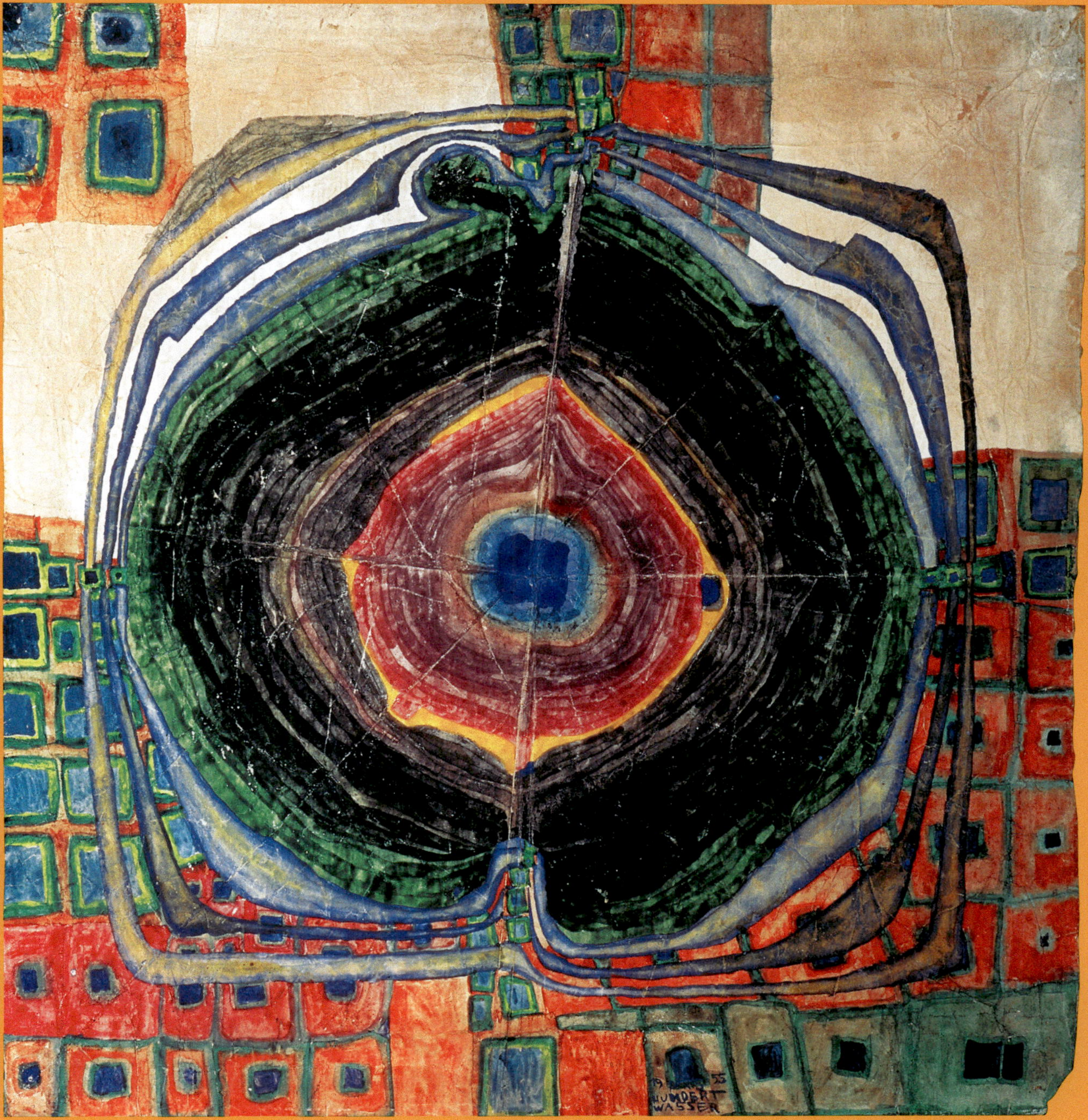

Hundertwasser, 227 Ein Regentropfen, der in die Stadt fällt

Was mich ausmacht

Spiegel

Ich schau in den Spiegel
und sehe mich an
und sehe,
dass ich mich sehen kann.
Und sehe
und sehe,
das gibt's doch nicht,
ich sehe mich an in mein eignes Gesicht.
Wer sieht wen an?
Der im Spiegel mich?
Das ist schon ein wenig verwunderlich.
Oder ich ihn, so zu ihm hin.

Weiß der denn da,
wer ich eigentlich bin?
Bin ich so oder so
mal traurig, mal froh,
mal kalt, mal warm,
mal nachdenksam.
Er schaut mich an
und ich sag: Guten Tag,
er grüßt mich auch,
worauf ich nur sag,
dass ich den doch eigentlich
ganz gern mag …
Ich lächle ein kleines gütiges Stück
und aus dem Spiegel lächelt's zurück …

Fredrik Vahle

Besprich dich mit deiner Banknachbarin, deinem Banknachbarn: Das finde ich in dem Gedicht lustig; das finde ich komisch; das verstehe ich nicht …

Stellt das Gedicht pantomimisch dar.

? Betrachte dich in einem Handspiegel: Was kannst du an dir entdecken? Was gefällt dir an dir? Was möchtest du an dir verändern? Was gehört noch zu dir, was man nicht im Spiegel sieht?

Ein Wappen hat die Form eines Schildes. Es zeigt die Eigenschaften einer Person oder einer Familie an: Daran kann man sie erkennen, darauf sind sie stolz. Die Familie bringt ihr Wappen am Eingang des Hauses an. Auch Dörfer und Städte haben oft eigene Wappen.

- Gestalte dein eigenes Wappen mit den Eigenschaften, an denen andere dich erkennen können.
- Stellt eure Wappen im ➤ Museumsgang vor.
- Gestalte für dein Ich-Buch ein zweites Wappen: So möchte ich sein! Das möchte ich können!
- Das höre ich gerne ..., nicht gerne ... Ergänze die Aussagen.

Ich bin mal so und mal so

Lutz überspringt die unterste Stufe, eilt durch den Gang, wirft sich auf das Polster und schlägt lässig die Beine übereinander. Er sitzt im Bus, mit dem er jeden Mittag von der Schule nach Hause fährt.

Seine Tasche stellt er neben sich. Seine Hand gleitet zum Rand des Sitzes. Dort fühlt er etwas. Vorsichtig zieht er es heraus. Ein Portmonee!

Es steckte zwischen Buswand und Sitzseite. Lutz schaut sich um. Niemand beobachtet ihn. Die wenigen Fahrgäste dösen in der Mittagssonne. Der Bus fährt an.

Das Portmonee ist prallvoll. Eine Menge Geldscheine sind zu sehen. Große Scheine! Wenn er sie in seiner Tasche verschwinden ließe, niemand würde es bemerken.

Mit so viel Geld könnte er sich so manchen Traum erfüllen. Den Eltern brauchte er nichts zu sagen. Wenn er das Geld nicht mit einem Male ausgäbe, würden sie nichts bemerken. Er muss das Portmonee nur in seiner Hosentasche verschwinden lassen und alles gehört ihm.

Lutz' Herz klopft, er atmet schwer. Was soll er machen? Er hält viel Geld in seiner Hand. So viel wie noch nie!

Der Bus stoppt.

Lutz steht auf und geht zum Fahrer. „Entschuldigung", sagt er, „das habe ich gefunden!"

Der Busfahrer staunt. „Wenn so viel Geld abgegeben wird", erklärt er, „mache ich ein Protokoll."

Er bittet einen Fahrgast hinzu.

Gemeinsam zählen sie die Scheine. Der Mann legt Lutz anerkennend die Hand auf die Schulter. „Es ist gut", sagt er, „dass es noch ehrliche Finder gibt."

„Am besten", meint der Busfahrer, weil die Zeit drängt, „du gibst mir deine Monatskarte, dann schreibe ich für das Protokoll die Personalien ab."

Lutz kann sie ihm nicht zeigen, er hat keine.

Heribert Haberhausen

Spielt das Gespräch, die Szene zwischen Lutz, dem Fahrgast und dem Busfahrer in Gruppen nach.

Stell dir vor: Lutz will das Geld behalten. Aber er ist unsicher und fragt dich um Rat. Gib Lutz eine Antwort.

Wähle eine Situation aus. Schreibe in eine Denkblase, warum sich die gleichen Kinder verschieden verhalten. Vergleicht in der Gruppe eure Ergebnisse und diskutiert.

Mal bin ich so, mal bin ich so ... Schreibe in dein Ich-Buch, wenn du auch so etwas erlebt hast.

Ein Zöllner wird Jesus-Jünger

Als Jesus nach Jericho kam, ging er durch die Stadt.
Dort wohnte ein Mann mit Namen Zachäus.
Er war der oberste Zöllner und er war sehr reich.*
Er wollte gerne sehen, wer dieser Jesus war.
Doch die vielen Menschen versperrten ihm die Sicht;
denn er war klein von Gestalt.
Darum stieg er auf einen Baum.

Nach Lukas 19,1–4

- Zöllner galten als Sünder. Lies im Lexikon (Seite 119) nach und erkläre, weshalb die Leute so urteilten.
- Jesus sieht Zachäus auf dem Baum: Wie wird er sich verhalten? Er übersieht ihn. Er … Diskutiert die einzelnen Möglichkeiten.

Als die Leute sahen, dass Jesus zu Zachäus ging, waren sie empört: „Er ist bei einem Sünder eingekehrt."
Zachäus aber sprach zu Jesus: „Herr, die Hälfte von allem, was mir gehört, will ich den Armen geben.
Und wenn ich einem zu viel Geld abgenommen habe, gebe ich ihm viermal so viel zurück."

Nach Lukas 19,7–10

Zachäus verspricht, sich zu ändern. Lies in deiner Schulbibel nach, was Jesus antwortet.

Weißt du schon, …

… dass die Nähe eines Menschen
guttun kann, traurig oder froh
machen kann?

… dass Zeit haben für einen Menschen
oft mehr sein kann als Geld?

… dass das Anhören eines Menschen
Wunder wirken kann?

Nach Wilhelm Willms

Weißt du schon, dass: …
Schreibe das Gedicht weiter.

Schreibe in dein Ich-Buch:
In der Nähe von … habe ich mich wohlgefühlt.

Der Vater kommt entgegen

Jesus erzählt: Ein Mann hatte zwei Söhne. Der jüngere sagte: „Vater gib mir jetzt schon mein Erbe.“ Da teilte der Vater seinen Besitz auf. Nach einigen Tagen packte der Sohn seine Sachen zusammen und zog in ein fernes Land. Dort führte er ein lustiges Leben und gab sein Geld mit vollen Händen aus. Als er nichts mehr hatte, kam eine große Hungersnot über das Land. Er bettelte einen Bürger des Landes an. Der schickte ihn zum Schweinehüten. Am liebsten hätte er vom Schweinefutter gegessen, so hungrig war er. Da dachte er in seinem Herzen: „Die Tagelöhner meines Vaters haben mehr als genug zu essen, ich aber sterbe hier vor Hunger. Ich will zu meinem Vater zurückkehren. Ich werde zu ihm sagen: Vater, ich habe gegen Gott und gegen dich gesündigt. Ich bin nicht mehr wert, dein Sohn zu sein. Lass mich wie einen Tagelöhner für dich arbeiten.“

Er machte sich auf den Weg zu seinem Vater. Dieser sah ihn schon von Weitem kommen. Er hatte Mitleid mit ihm. Er lief dem Sohn entgegen. Er umarmte und küsste ihn. Da sagte der Sohn: „Vater, ich habe gegen Gott und gegen dich gesündigt. Ich bin nicht mehr wert, dein Sohn zu sein!“ Der Vater aber sagte zu seinen Knechten: „Holt das beste Gewand. Bringt einen Ring und zieht ihm Schuhe an. Schlachtet das beste Kalb. Wir wollen essen und fröhlich sein. Mein Sohn war tot und nun lebt er wieder. Er war verloren und ist wiedergefunden worden.“ Sie feierten ein fröhliches Fest.

Zur gleichen Zeit arbeitete der ältere Sohn auf dem Feld. Als er heimkam, hörte er Musik und Tanz. Er fragte einen Knecht: „Was bedeutet das?“ Der Knecht antwortete: „Dein Vater feiert ein Fest, denn dein Bruder ist zurückgekehrt.“ Da wurde er zornig und wollte nicht mitfeiern. Sein Vater kam heraus und redete ihm gut zu. Doch er sagte: „Vater, ich arbeite schon viele Jahre für dich. Immer habe ich getan, was du gesagt hast. Niemals konnte ich mit meinen Freunden ein Fest feiern. Jetzt aber kommt der da zurück, dein Sohn, der das ganze Geld verschleudert hat, und du feierst ein Fest!“ Der Vater antwortete: „Mein Kind, du bist immer bei mir. Alles, was mir gehört, gehört auch dir. Aber jetzt müssen wir ein Fest feiern. Dein Bruder war tot und er lebt wieder. Er war verloren und ist wiedergefunden worden.“

Nach Lukas 15,11–32

Erzählt die Geschichte, wie sie die verschiedenen Personen erlebt haben: der Vater, der ältere Sohn, der jüngere Sohn.
Teilt euch dazu in Gruppen auf und tragt eure Ergebnisse der Klasse vor.

Vergleicht das Bild mit der Erzählung. Was ist anders?

Nehmt die Haltung der Personen auf dem Bild ein und lasst sie sprechen.

Der ältere Sohn begegnet seinem jüngeren Bruder.
Spielt die Begegnung.

? Vergleicht: So verhält sich der ältere Sohn in der Geschichte – so verhält sich der Vater.

Sich ändern – sich versöhnen

Lisa und Mila sind ab sofort keine Freundinnen mehr. Das kam so:
In der großen Pause stehen die Mädchen um Melanie herum: Sie bewundern ihre neuesten Jeans und ihre schicken Schuhe, die sie mit ihrer Mutter in einem Modegeschäft in der Stadt gekauft hat. Melanie sieht wirklich sehr gut aus. Da kann Mila natürlich überhaupt nicht mithalten. Sie muss die Klamotten tragen, die ihre Mutter im Sonderangebot für sie gekauft hat. Sie muss sie auch so lange tragen, bis sie ihr zu klein sind. Und bald fangen einige Mädchen an, Mila anzugucken und Bemerkungen zu machen. „Gegen Melanies Jeans sind ja deine wirklich von gestern. Solche Modelle sind doch schon seit Jahren out.“ „Dass dich deine Mutter überhaupt so zur Schule schickt.“ „Also, meine Mutter hätte da bei mir kein Glück.“ – Und dann legt Lisa noch eins drauf: „Wirklich, Mila, dein Outfit ist schon sehr veraltet! Schau dir die Melanie an! Das trägt man heute.“
Gott sei Dank ist die Pause vorüber. Mila kann im Unterricht gar nicht mehr aufpassen. Dass Lisa sie so bloßgestellt hat vor allen, das hat ihr sehr wehgetan. Dabei weiß Lisa doch, dass Milas Mutter mit jedem Euro rechnen muss. Nach der Schule rennt Mila so schnell sie kann nach Hause, sperrt sich in ihr Zimmer ein und ist für niemanden mehr zu sprechen. Mit Lisa ist es aus!
Lisa geht es aber auch nicht gut. Warum musste sie auch diese Bemerkung machen. Den ganzen Nachmittag hat sie sich über sich selbst geärgert.

- Diskutiert: Was gehört zu einer Freundschaft?
- Wann zerbricht eine Freundschaft zwischen Mädchen, wann zwischen Jungen? Sucht Beispiele.
- Legt mit der ➤ Ich-du-wir-Methode einen Weg der Aussöhnung. Wählt dazu Sätze aus, die auf der nächsten Seite stehen. Schreibt sie auf Kärtchen und ergänzt sie.
- Überlegt: Wie kann die Goldene Regel Lisa bei der Versöhnung helfen?

Goldene Regel

Alles, was ihr von anderen erwartet, das tut auch ihnen.

Matthäus 7,12

versöhnt sein

sich entschuldigen

auf die andere/den anderen schimpfen

sich aussprechen

eine neue Freundin suchen

sich in den anderen einfühlen

die Wut herauslassen

mutig sein und den ersten Schritt tun

eine SMS mit einer Entschuldigung schreiben

sich langsam wieder anfreunden

sich ärgern

sich abwenden

zerstritten sein

Versöhnung finden

Lisa geht mit ihren Eltern am Sonntag in den Gottesdienst. Mit der Gemeinde betet sie am Anfang: „Ich bekenne, dass ich Gutes unterlassen und Böses getan habe.“ Sofort denkt sie wieder an Mila und ihre beleidigenden Sätze in der Pause. Da geht ihr plötzlich auf, dass sie nicht alleine dasteht mit dem, was sie falsch gemacht hat. Alle haben Grund, Gott um Vergebung zu bitten.

Lisa hört im Evangelium* folgende Sätze:

> *Nach seiner Auferstehung erschien Jesus den Jüngern.*
> *Jesus trat in ihre Mitte und sagte zu ihnen: „Friede sei mit euch.“*
> *Da freuten sich die Jünger, als sie den Herrn sahen.*
> *Jesus sagte noch einmal zu ihnen: „Friede sei mit euch.*
> *Wie mich der Vater gesandt hat, so sende ich euch!“*
> *Er hauchte sie an und sprach: „Empfangt den Heiligen Geist!*
> *Wem ihr die Sünden vergebt, dem sind sie vergeben.“*
>
> Nach Johannes 20,19–23

Überlegt in Gruppen: Was hat das Verhalten gegenüber Eltern, Geschwistern, Freunden ... mit Gott zu tun? Benutzt für eure Antworten auch die Texte auf den Seiten 37 und 57.

Jesus schenkt seinen Jüngern den Heiligen Geist. Jetzt können sie in Jesu Sinn handeln. Sucht Beispiele, wie Jesus mit den Menschen umgegangen ist. Schreibt sie in eine ➤ Mindmap.

Lisa geht zum ersten Mal zur Beichte

In der Vorbereitung hat Lisa mit ihrer Kommuniongruppe die einzelnen Schritte kennengelernt, die zu einer Beichte gehören. Jetzt denkt sie über ihr Leben nach: über die guten und schönen Erfahrungen und Erlebnisse, aber auch über die weniger guten. Sie weiß, was ihr leidtut und was sie bereut. Im Gotteslob* (Nummer 598) findet sie Gebete und Fragen, die ihr helfen, sich auf die Beichte vorzubereiten.
Mit dem Priester spricht Lisa über ihr Leben, was ihr gut gefällt, was sie alles kann und unternimmt und wie sie mit ihren Eltern zurechtkommt. Natürlich erzählt sie auch, was ihr auf dem Pausenhof in der vergangenen Woche mit Mila passiert ist. Sie merkt, dass es guttut, noch einmal darüber zu reden, auch über ihre Versuche, sich mit Mila wieder zu versöhnen. Der Priester erklärt ihr: „Gott will, dass das Leben aller Menschen gelingt, auch deines und das von Mila. Erinnerst du dich an Zachäus oder an das Gleichnis vom barmherzigen Vater? Immer geht es darum, dass Menschen zu einem guten Leben finden, dass sie wieder froh sind, auch wenn sie Schuld auf sich geladen haben. Das darf ich auch dir zusprechen.“ Am Ende des Gesprächs segnet der Priester Lisa und sagt: „Deine Sünden sind dir vergeben. Gehe hin in Frieden.“

Diese Schritte hat Lisa bei der Vorbereitung zur Beichte gelernt:

- *über das Leben nachdenken*
- *Fehler bereuen*
- *es besser machen wollen*
- *sich von der Schuld lossprechen lassen*
- *für die Versöhnung mit Gott danken*

Nachdenken – mitfühlen – handeln

Herr, du kennst mich.
Ob ich sitze oder stehe,
du weißt von mir.
Du bist vertraut mit all meinen Wegen.
Du umschließt mich von allen Seiten
und legst deine Hand auf mich.

Aus Psalm 139

- Betrachte das ➤ Bild auf Seite 45. Achte besonders auf die Farben, die Formen, auf dunkle und helle Stellen.
- Lege eine Folie auf das Titelbild. Zeichne ein Umrissbild. Du kannst den inneren Kreis vergrößern oder auch den äußeren, den schwarzen Kreis. Male das Bild farbig aus. Erkläre deinem Nachbarn, deiner Nachbarin, was du damit ausdrücken willst.
- ? Du hast im Kapitel verschiedene Personen kennengelernt, zum Beispiel Lisa, Lutz und Zachäus. Wähle eine Person aus und suche in ihrem Verhalten die hellen und die dunklen Seiten.
- ? Lisa hat ihren Streit mit Mila gebeichtet. Überlegt: Was verändert sich dadurch für Mila?
- Lies den Psalm*. Schreibe ihn in schöner Schrift in dein Heft oder in dein Klassengebetbuch.
- Bildet zur Frage von Relix Diskussionsgruppen.

Ich bin gefragt

- Das habe ich verstanden und neu gelernt.
- Das will ich mir aus diesem Kapitel besonders merken.
- Darüber möchte ich weiter nachdenken.

4 Mit Jesus Mahl feiern

Jesus geht auf Menschen zu

Jesus sah Levi am Zoll sitzen. Er sagte zu ihm: „Komm, folge mir nach." Da stand Levi auf und folgte ihm.

Markus 2,14

Ich will heute als Gast in dein Haus kommen.

Lukas 19,5

Freuen dürfen sich alle, die arm sind, denn Gott ist ihnen nahe.

Matthäus 5,3

Wo er war, begannen Menschen freier zu atmen.
Blinden gingen die Augen auf,
Gedemütigte wagten es, zum Himmel aufzuschauen
und Gott ihren Vater zu nennen.
Sie wurden wieder Kinder, neugeboren.
Er rief sie alle ins Leben.

Lothar Zenetti

Lasst die Kinder zu mir kommen. Haltet sie nicht zurück, denn ihnen gehört das Reich Gottes.
Markus 10,14

Jesus, hab Erbarmen mit mir!
Markus 10,47

In der Synagoge saß ein Mann mit einer verdorrten Hand.*
Jesus sagte zu dem Mann: „Steh auf und stell dich in die Mitte."
Lukas 6,6.8

Erzähle zu den Bildern die Geschichte. Zu einigen Bildern kannst du die Sätze aus der Bibel* verwenden.

Sucht aus dem Text von Lothar Zenetti einen Satz und ordnet ihn einem Bild zu.

Freier atmen, zum Himmel schauen, gedemütigt sein: Stellt die Aussagen und ihre Gegensätze pantomimisch dar: Sprecht über eure Erfahrungen.

Jesus feiert Mahl mit seinen Jüngern

Für Jesus war das Essen mit Freunden, aber auch mit Außenseitern sehr wichtig.

Gemeinsam mit den Aposteln* feierte er ein ganz besonderes Fest, sein Abschiedsmahl kurz vor seinem Tod.

Am Abend setzte sich Jesus mit den Aposteln zu Tisch. Und Jesus sagte:
„Ich habe mich sehr danach gesehnt, dieses Pascha-Mahl mit euch zu essen."*
Während des Essens nahm Jesus Brot, sprach das Dankgebet, brach das Brot, reichte es seinen Jüngern und sprach: „Das ist mein Leib, der für euch hingegeben wird. Tut dies zu meinem Gedächtnis!"
Nach dem Mahl nahm er auch den Kelch mit Wein und sprach: „Dieser Kelch ist der Neue Bund in meinem Blut. Es wird für euch vergossen."

Nach Lukas 22,14–20 und 1 Korinther 11,23–26

Beim letzten Abendmahle

T: Christoph von Schmid 1807
M: Melchior Vulpius 1609

Aus Getreide wird Brot, aus Trauben wird Wein.
Brot und Wein sind ein Zeichen für das Leben der Menschen.
Jesus nimmt diese Zeichen und sagt:
Das ist mein Leib, das ist mein Blut. Das bedeutet:
Das ist mein Leben, ich habe es mit euch gelebt und für euch hingegeben.

- Arbeite mit der ➤ Fischgrät-Methode: Schreibe in den Kopf des Fisches das Wort „Brot“ oder das Wort „Wein“. Suche dazu weitere Beispiele, die für das Leben der Menschen wichtig sind.
- Wer hat die Nähe zu Jesus erfahren? Sucht Beispiele. Schaut dazu auch auf den Seiten 60 und 61 nach.
- Legt den Satz: „Das ist mein Leben für euch“ in die Mitte. Schreibt eure Beispiele auf Satzstreifen und ordnet sie um diese Mitte.
- ? „Tut dies zu meinem Gedächtnis.“ Was heißt das für uns? Arbeitet mit der ➤ Placemat-Methode.
- Nach dem Mahl ging Jesus mit seinen Jüngern zum Ölberg. Dort wurde er verhaftet. Er wurde zum Tod verurteilt und gekreuzigt. Erzählt, was ihr davon wisst.
- Lest die Geschichten in eurer Schulbibel nach.

Zusammenkommen – auf Gottes Wort hören

T/M: Helmut Hucke 1971 nach einem amerikanischen Lied

1. Zusammenkommen
Eröffnung

2. Wortgottesdienst

Guter Gott,
du hörst uns.
Wir bitten dich für ...
Wir bitten dich um ...
Wir glauben, dass du uns beistehst,
und wir vertrauen auf dich.

Gott bitten

Den Glauben bekennen

Über Gottes Wort nachdenken

Gottes Wort hören

- Gestalte ein Leporello zum Ablauf der Messfeier. Beginne mit Eröffnung und Wortgottesdienst.
- Gott, ich bitte für ...
  Wähle eine Person aus, für die du bitten willst.

Zusammenkommen – Eucharistie feiern

Im Hochgebet werden Brot und Wein zu Leib und Blut Christi verwandelt.

T: Hans-Bernhard Meyer 1970 / M: Peter Janssens 1970

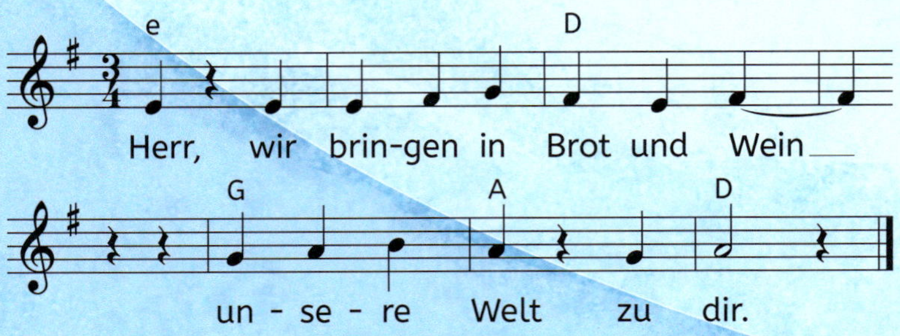

3. Eucharistiefeier

Die Gaben bereiten

Im Hochgebet für Gottes Heilstaten danken und an Tod und Auferstehung Jesu erinnern

„Nehmt und esst: Das ist mein Leib, der für euch hingegeben wird. Nehmt und trinkt: Das ist mein Blut, das für euch vergossen wird. Tut dies zu meinem Gedächtnis.“

siehe Gotteslob*
Nummer 588.5

4. Sich segnen und senden lassen

„Vater unser im Himmel“

Das Friedensgebet sprechen

Die Kommunion empfangen

Führe dein Leporello zur Messfeier mit der Eucharistiefeier* und der Sendung weiter.

Feiert zum Thema „Wir sind mit Jesus verbunden“ einen Schulgottesdienst:

- wählt einen Bibeltext
- gestaltet Gebete
- findet Lieder
- …

Gesegnet sein – sich senden lassen

Herr, segne uns

T: Lothar Zenetti / M: Karl Fink

Begleitet das Lied mit Gesten.

Tausche dich mit deinem Banknachbarn, deiner Banknachbarin aus: Worum bitten wir, wenn wir Gott um den Segen bitten? Sammelt eure Vorschläge.

Ich brauche den Segen Gottes besonders, wenn …
Schreibe in dein Ich-Buch.

Ein Segen sein: Beschreibt, wie die Menschen auf den Bildern für andere ein Segen sind. Sucht weitere Beispiele in der Zeitung, im Fernsehen oder in eurer Umgebung.
Gestaltet damit ein Plakat.

„Viel Glück und viel Segen …“
Stellt mit der ➤ Fischgrät-Methode zusammen, was ihr einander zum Geburtstag wünscht.

Ein ganz normaler Sonntag?

- Lest und spielt die Frühstücksszene mit verteilten ➤ Rollen.
- Vergleiche den Sonntagmorgen auf dieser Seite mit einem Sonntag in deiner Familie. Tausche dich mit deinem Banknachbarn, deiner Banknachbarin aus.
- Der Sonntag ist langweilig! Der Sonntag ist der schönste Tag der Woche! Der Sonntag ist immer zu kurz! Der Sonntag ist ...
  Führe den Satz zu Ende. Für welchen Satz entscheidest du dich? Begründe deine Entscheidung.

Lea begleitet Paulina zum Gottesdienst. Sie fragt: „Warum gehst du eigentlich am Sonntag in die Kirche*?“
Paulina antwortet: „Der Sonntag ist für uns Christen wichtig. Wir feiern im Gottesdienst, dass Jesus auferstanden ist.“

Segne, Herr, den Tag der Tage

T: Peter Gerloff 2004, alle Rechte beim Urheber
M: Gilbert König um 1939 © Abtei Neuburg, Heidelberg

- Stellt euch vor, es gibt keine Sonntage und keine Feiertage mehr. Zählt auf, was alles fehlen würde. Arbeitet mit der ➤ Placemat-Methode.
- Christen bezeichnen den Sonntag auch als „kleines Osterfest“. Erklärt, warum.

Nachdenken – mitfühlen – handeln

- Wofür stehen Brot und Wein? Ergänzt die ➤ Mindmap mit eigenen Vorschlägen.
- Betrachte das ➤ Bild auf Seite 59. Erzähle dazu die Geschichte.

- Bereitet in eurer Religionsgruppe ein Fest vor. Wählt einen Anlass und sammelt Ideen: Lieder, Essen und Trinken, Tanz, Tischschmuck …
Wen wollt ihr zum Fest einladen?

Ich bin gefragt

- Das habe ich verstanden und neu gelernt.
- Das will ich mir aus diesem Kapitel besonders merken.
- Darüber möchte ich weiter nachdenken.

5

Miteinander leben und glauben

Wir stellen eine Pfarrgemeinde vor

An der Schillerschule finden Projekttage statt. Die einzelnen Klassen und Gruppen haben dafür etwas vorbereitet.
Die Religionsgruppe stellt die Pfarrgemeinde St. Lukas vor.

Die Schülerinnen und Schüler haben sich dazu in vier Gruppen aufgeteilt.
Jede Gruppe zeigt ihre Ergebnisse auf Schautafeln, erklärt sie und beantwortet die Fragen der Besucherinnen und Besucher.

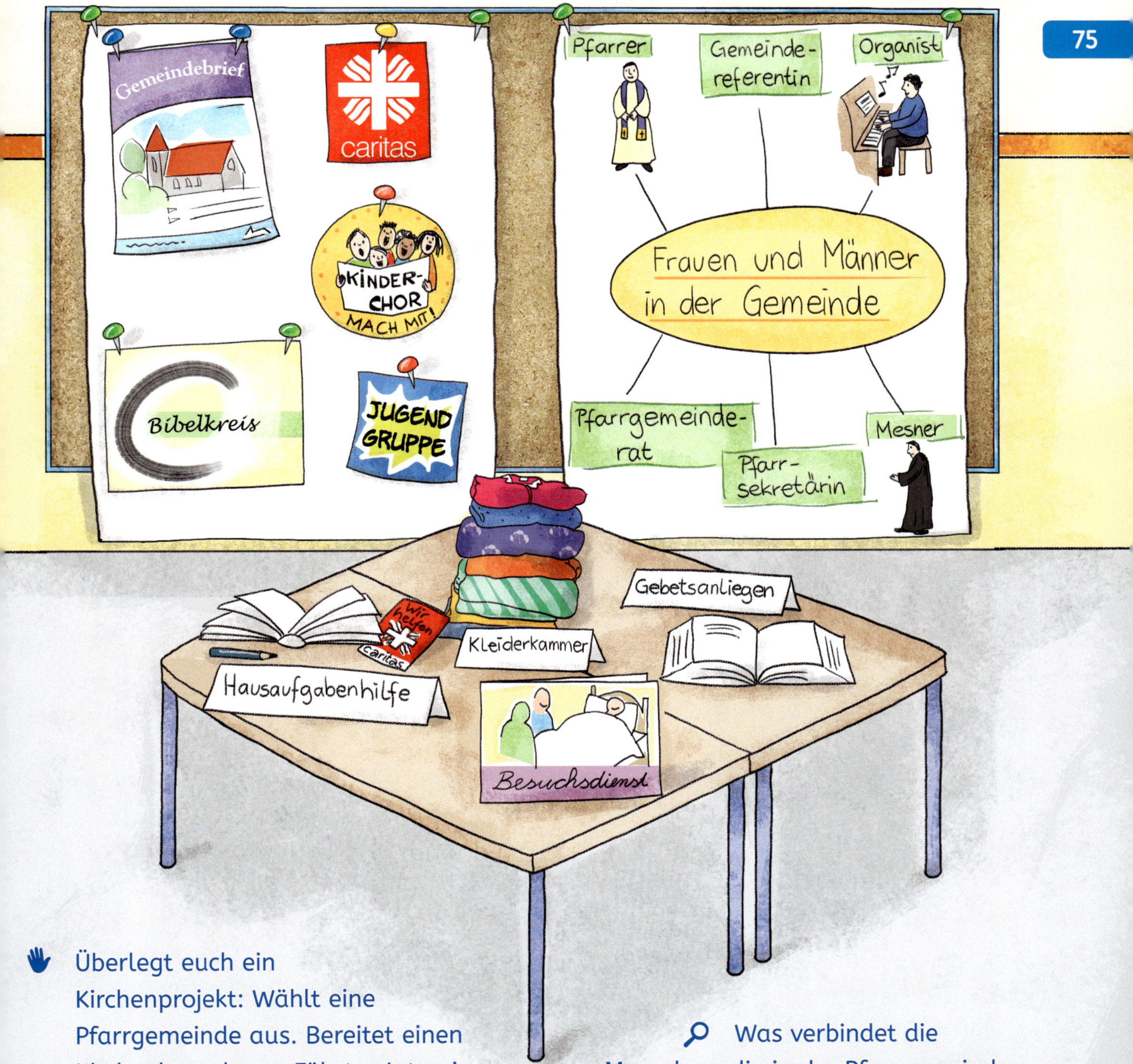

Überlegt euch ein Kirchenprojekt: Wählt eine Pfarrgemeinde aus. Bereitet einen Kirchenbesuch vor. Führt ➤ Interviews mit Gemeindemitgliedern durch. Sammelt eure Informationen und Bilder. Stellt eure Ergebnisse auf Plakaten vor.

Was verbindet die Menschen, die in der Pfarrgemeinde leben und arbeiten? Befragt dazu den Pfarrer und andere Personen in der Gemeinde in einem ➤ Interview. Diskutiert die Antworten.

Wir stellen den Kirchenraum vor

Am Ambo* wird das Wort Gottes aus der Bibel* verkündet, es werden Fürbitten gesprochen oder der Priester hält eine Predigt und erklärt der Gemeinde den Bibeltext.

In den Bänken sitzen, stehen und knien die Menschen, die am Gottesdienst teilnehmen. Sie können auch nur still in der Kirche* sitzen und für sich beten.

Am Altar* feiert der Priester mit der Gemeinde Eucharistie*, das heißt übersetzt Danksagung. Sie danken Gott, dass Jesus in jeder heiligen Messe

gegenwärtig ist, wie er es bei seinem letzten Mahl versprochen hat.

Am Taufstein werden die Kinder getauft. Ihre Eltern wünschen sich, dass sie in die Gemeinschaft der Christen aufgenommen werden.

Auf den beiden Seiten fehlen wichtige Gegenstände, die in einen Kirchenraum gehören. Stellt diese Gegenstände zusammen und erklärt ihre Bedeutung. Internet und Lexikon helfen euch dabei.

? Die muslimische Mitschülerin fragt weiter: Seit wann gibt es eigentlich Kirchen und Gemeinden? Findet Antworten.

So fing es mit der Kirche an – Pfingsten!

Nach der Auferstehung Jesu kamen die Jünger öfter zusammen. Sie erinnerten sich an alles, was sie mit Jesus erlebt hatten. Und sie fragten sich: Wie soll es jetzt mit uns weitergehen?
Es kam der Pfingsttag und alle Jünger waren am gleichen Ort.*
Da entstand plötzlich vom Himmel ein Brausen, wie wenn ein gewaltiger Sturm losbricht. Das ganze Haus, in dem sie waren, wurde davon erfüllt. Es zeigten sich über ihnen Zungen wie von Feuer. Auf jeden ließ sich eine nieder. Alle wurden mit dem Heiligen Geist erfüllt.
Die Jünger fingen an, in fremden Sprachen zu reden. Der Geist Gottes gab es ihnen ein. In Jerusalem wohnten fromme Juden aus allen Völkern. Als das Brausen anfing, liefen die Menschen zusammen. Sie hörten die Jünger in ihrer eigenen Sprache reden. Sie waren außer sich. Da trat Petrus gemeinsam mit den anderen Aposteln vor. Er begann mit lauter Stimme zu reden:*
„Ihr Juden und ihr Bewohner von Jerusalem! Hört, was ich euch sage! Jesus aus Nazaret hat im Namen Gottes viele Wunder getan, wie ihr selbst gesehen habt. Ihr habt ihn durch die Römer ans Kreuz schlagen lassen und getötet. Gott aber hat ihn vom Tod auferweckt.“
Die Menschen hörten die Worte des Petrus. Es traf sie mitten ins Herz. Sie fragten Petrus: „Was sollen wir tun?“
Petrus antwortete ihnen:
„Kehrt um! Ändert euer Leben! Jeder von euch soll sich auf den Namen Jesus Christus taufen lassen. Dann wird Gott auch euch den Heiligen Geist schenken.“
Alle, die ihm glaubten, haben sich taufen lassen. An diesem Tag kamen etwa dreitausend Menschen zur Gemeinschaft der Jünger dazu.

Nach Apostelgeschichte 2

- Erzählt mit verschiedenen Instrumenten und bunten Tüchern die Pfingstgeschichte nach.
- Die Jünger waren überwältigt. Finde die Bild-Worte, die zeigen, wie die Jünger diesen Pfingsttag erlebt haben.
- Was ist an Pfingsten geschehen? Schreibe eine SMS an einen Freund, eine Freundin.
- Betrachte das ➤ Bild. Vergleiche es mit der Pfingsterzählung. Achte besonders auf Farben und Bewegung.

So lebten die ersten Christen

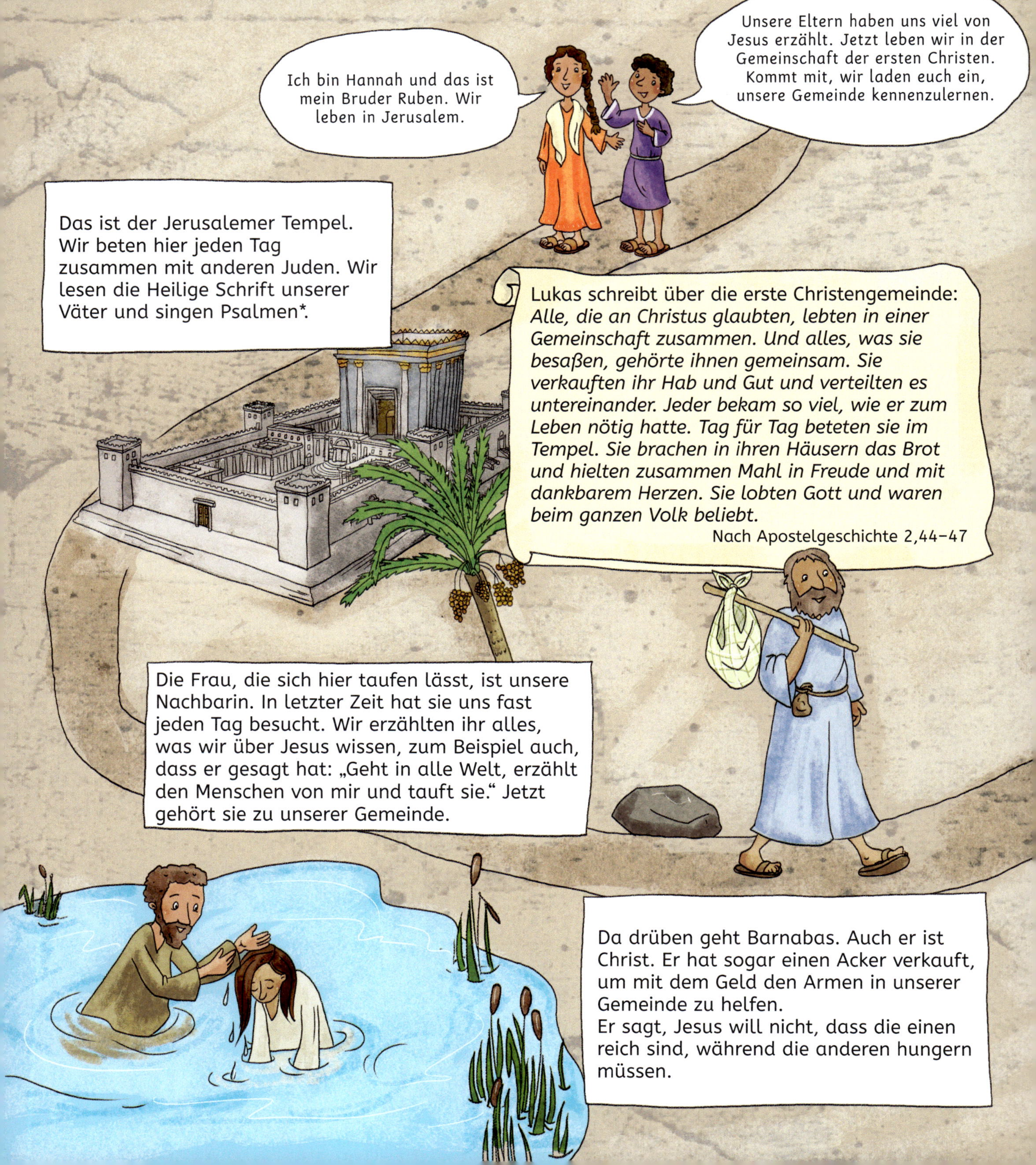

Das ist der Jerusalemer Tempel. Wir beten hier jeden Tag zusammen mit anderen Juden. Wir lesen die Heilige Schrift unserer Väter und singen Psalmen*.

Lukas schreibt über die erste Christengemeinde:
Alle, die an Christus glaubten, lebten in einer Gemeinschaft zusammen. Und alles, was sie besaßen, gehörte ihnen gemeinsam. Sie verkauften ihr Hab und Gut und verteilten es untereinander. Jeder bekam so viel, wie er zum Leben nötig hatte. Tag für Tag beteten sie im Tempel. Sie brachen in ihren Häusern das Brot und hielten zusammen Mahl in Freude und mit dankbarem Herzen. Sie lobten Gott und waren beim ganzen Volk beliebt.

Nach Apostelgeschichte 2,44–47

Die Frau, die sich hier taufen lässt, ist unsere Nachbarin. In letzter Zeit hat sie uns fast jeden Tag besucht. Wir erzählten ihr alles, was wir über Jesus wissen, zum Beispiel auch, dass er gesagt hat: „Geht in alle Welt, erzählt den Menschen von mir und tauft sie." Jetzt gehört sie zu unserer Gemeinde.

Da drüben geht Barnabas. Auch er ist Christ. Er hat sogar einen Acker verkauft, um mit dem Geld den Armen in unserer Gemeinde zu helfen.
Er sagt, Jesus will nicht, dass die einen reich sind, während die anderen hungern müssen.

- Ruben und Hannah erleben in ihrer Gemeinde, was Lukas in der Apostelgeschichte schreibt. Vergleiche.
- Jesus hat den Jüngern einen wichtigen Auftrag gegeben. Lest dazu in der Schulbibel Matthäus 28,16–20.
- Zeigt an den Beispielen auf dieser Seite, wie die ersten Christen diesen Auftrag erfüllt haben.
- ? Erklärt: Wie hat das Ereignis von Pfingsten den ersten Christen dabei geholfen, diesen Auftrag zu erfüllen?

So leben Christen heute

Einander helfen

Glauben verkünden

Gemeinschaft erfahren

Gottesdienst feiern

Kranke besuchen
von Gott hören
EineWeltLaden
Pfarrfest
Bibelgespräch
Predigt
Orgelspiel
Kinderwallfahrt
Flüchtlingen helfen
Umweltprojekt
Kinderbibelwoche
Ministrantengruppe
Kleider sammeln

Auf Seite 82 stehen die vier wichtigen Aufgaben der Christen. Man nennt sie auch Grundaufgaben.
Bildet jeweils eine Gruppe zu einer der vier Grundaufgaben. Findet in der Wortwolke oben Wörter, die zu eurer Grundaufgabe passen. Ordnet ihr Fotos zu.

Findet weitere Beispiele für die von euch gewählte Grundaufgabe. Informiert euch auch in Pfarrbriefen.

Vergleicht die Aufgaben der Christen heute mit denen der ersten Christen. Sucht nach Gemeinsamkeiten und Unterschieden. Schaut euch dazu die Seiten 80/81 an.

Christen überall auf der Welt

Eine Grundschule in Weisendorf in der Nähe von Erlangen geht eine Partnerschaft mit einer Schule in Nordindien ein. Die Armut ist dort sehr groß. Vielen Eltern fehlt das Schulgeld für ihre Kinder. Oft können Mädchen nicht die Schule besuchen, weil sie zu Hause und auf den Feldern arbeiten müssen. Viele Kinder haben nicht genug zu essen. Vom schmutzigen Wasser werden sie krank. Sie klagen deshalb über Bauchschmerzen.
Die Schüler und Schülerinnen von Weisendorf haben darum zusammen mit der Pfarrgemeinde und anderen Gruppen das Zubza-Projekt entwickelt. Die Bilder zeigen Kinder aus Zubza und Beispiele, was sich die Grundschüler und Grundschülerinnen alles einfallen ließen, um ihnen zu helfen. Mit dem gesammelten Geld soll eine neue Grundschule entstehen.

Bretterbuden-Schule in Zubza

Die Schüler und Schülerinnen verkaufen Brot.

Pressekonferenz in Weisendorf: Hier geben die Schülerinnen und Schüler Auskunft über ihre Arbeit.

? Sammelt Gründe, weshalb sich die Schülerinnen und Schüler aus Weisendorf für die Kinder in Zubza interessieren.

Unterwegs zu dir

Aus den Dörfern und Städten
sind wir unterwegs zu dir.

Aus Tälern und Bergen
sind wir unterwegs zu dir.

Wenn wir das Brot teilen,
sind wir unterwegs zu dir.

Wenn wir die Schwachen stützen,
sind wir unterwegs zu dir.

Wenn wir Gottesdienst feiern,
sind wir unterwegs zu dir.

Gebet von Christen aus Lateinamerika

- Schreibe das Gebet aus Lateinamerika weiter: Wenn wir …
- Der Fastenkalender von Misereor* informiert über Gemeinden in anderen Ländern.
  Besorgt euch diesen Kalender in eurer Pfarrgemeinde. Stellt einander daraus Geschichten, Gebete, Bilder vor, die ihr besonders interessant findet.
- Beteiligt euch an einem Projekt, das Kinder in anderen Ländern unterstützt. Informiert euch dazu in eurer Pfarrgemeinde.

Feste im Kirchenjahr feiern

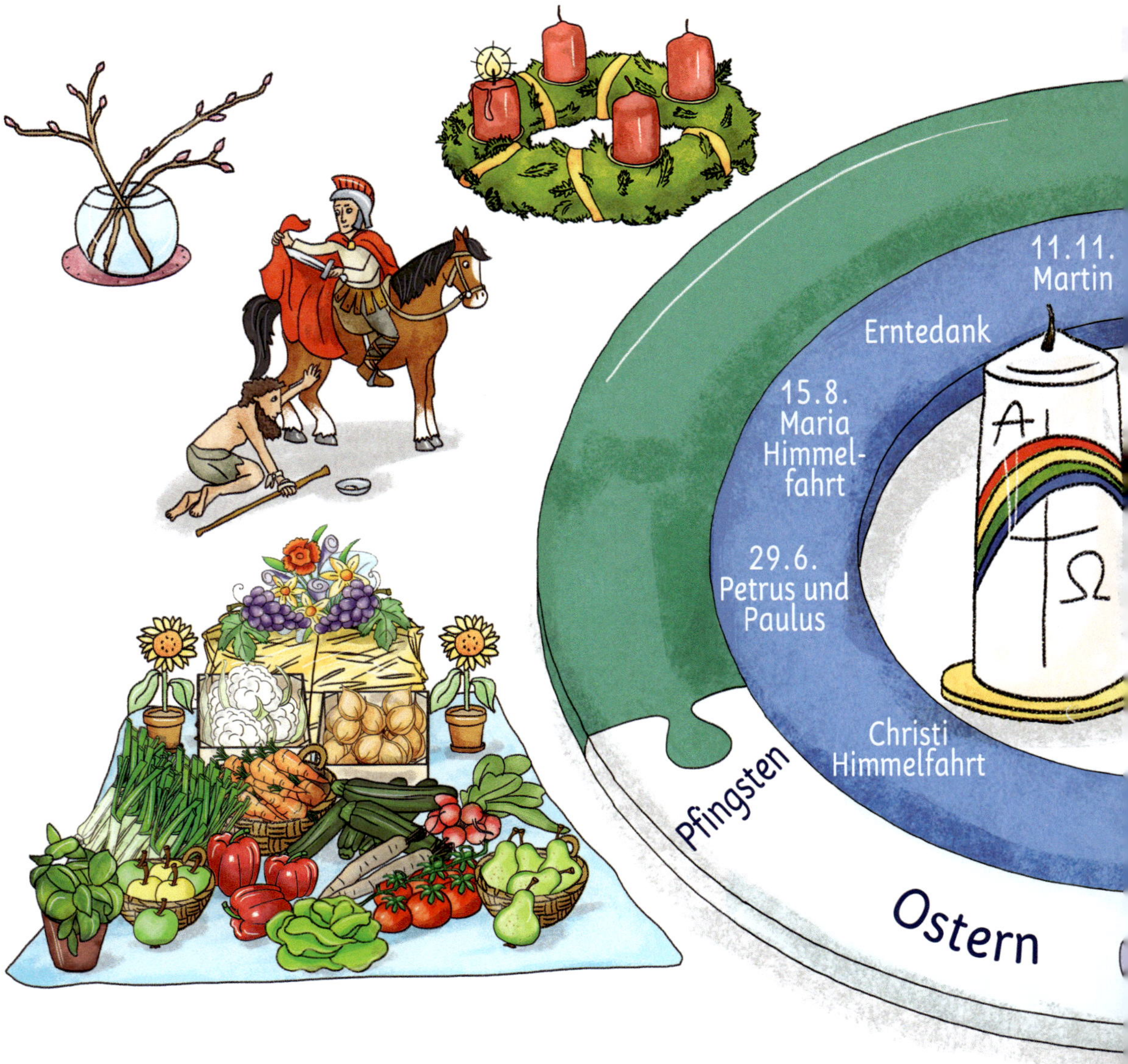

? Ordne die einzelnen Bilder den Festen im Kirchenjahreskreis zu. Überlegt: Warum beginnt das Kirchenjahr mit dem 1. Advent?

Schreibe den Namen des oder der Heiligen, die im Bistum* besonders verehrt werden, auf Papierstreifen und lege sie an die richtige Stelle im Jahreskreis. Lies dazu im „Eigenteil" des Gotteslobes* die Informationen über die Heiligen oder informiere dich im Internet oder in einem Heiligenlexikon.

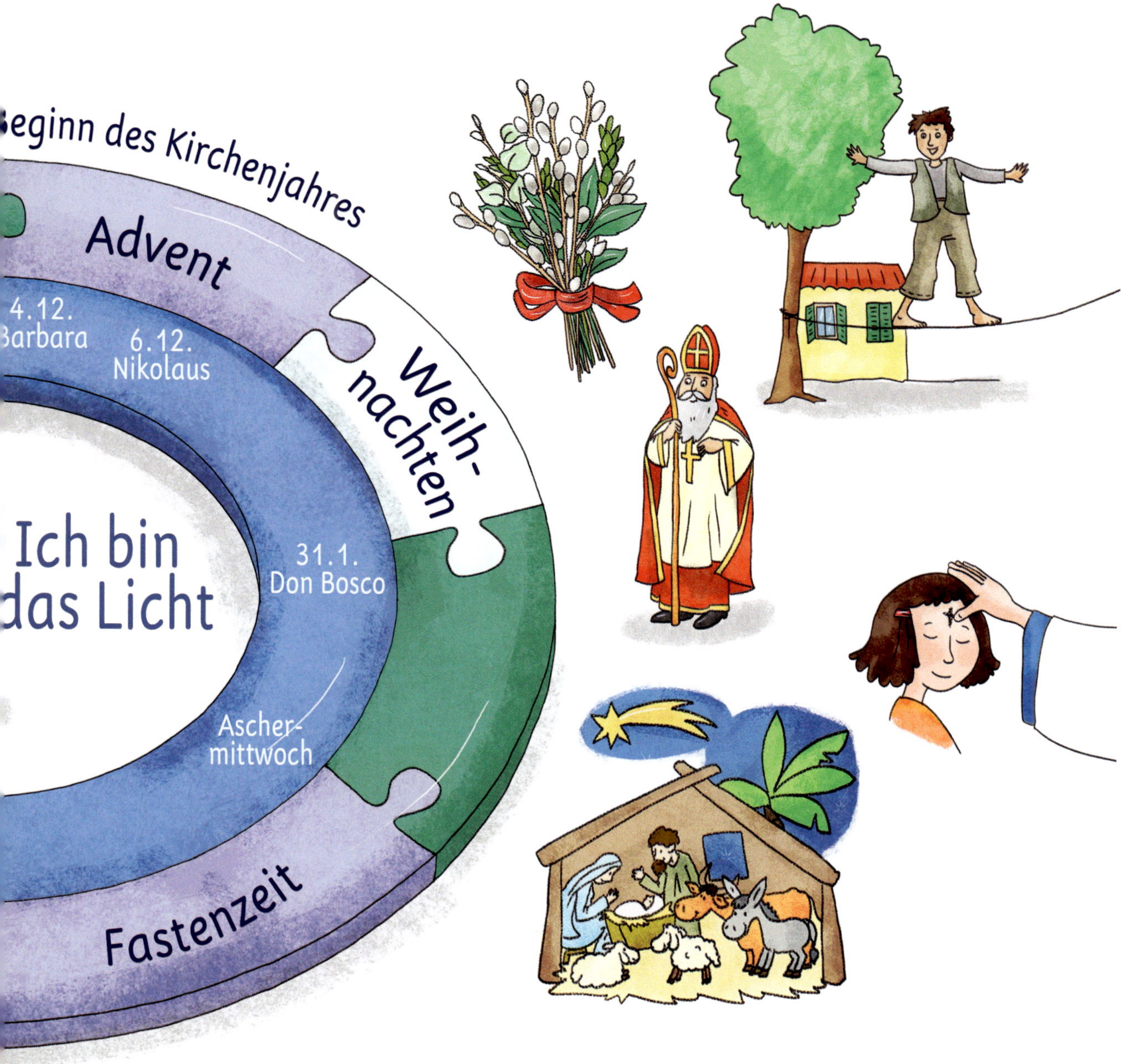

? Vergleicht: Welche Feste feiern evangelische Christen, welche feiern sie nicht?

Erklärt mithilfe der ➤ Fischgrät-Methode, was wir an Ostern, Pfingsten* und Weihnachten feiern.

Erstellt in Gruppenarbeit ein Kirchenjahr-Memospiel.

? Informiert euch im Lexikon Seite 114 über die liturgischen Farben* und vergleicht sie mit den Farben des Kirchenjahres auf dieser Seite.

Nachdenken – mitfühlen – handeln

Gott baut ein Haus, das lebt

T/M: Waltraud Osterlad 1998 © bei der Urheberin

- Beschreibt das Eingangsbild auf Seite 73. Diskutiert: Warum passt es zur Kapitelüberschrift? Sucht weitere Seiten, die zu dem Bild passen.
- Räumt das Bild auf: Malt nur einfarbige Steine in Reihen geordnet. Vergleicht euer Ergebnis mit dem Eingangsbild.
- Ein lebendiges Haus – ein totes Haus. Stellt es mit Instrumenten oder mit Farben dar.
- „Lebendige Steine", das sind auch Heilige! Sucht euch einen Heiligen aus, den ihr gut kennt, und erzählt einander, wo er besonders „lebendig" war.

Ich bin gefragt

- Das habe ich verstanden und neu gelernt.
- Das will ich mir aus diesem Kapitel besonders merken.
- Darüber möchte ich weiter nachdenken.

6 Die Bibel verändert die Welt

Ein weitverbreitetes Buch – die Bibel

Fakten – Fakten – Fakten

Die Bibel* und Bibelteile sind in über 2400 Sprachen übersetzt.
Jährlich werden etwa 700 Millionen Bibeln gedruckt.
Die Texte der Bibel stammen aus vielen Jahrhunderten.
Die Bibel besteht aus vielen einzelnen Schriften.

? Was bedeutet das Wort Bibel? Schlagt im Lexikon nach.

? Überlegt, weshalb die Bibel auf der ganzen Welt verbreitet ist.

Bringt Bibeln von daheim mit und stellt sie einander vor. Aus welchem Jahr stammt deine Bibel?

? Die Bibel hat für viele Menschen früher und heute noch eine große Bedeutung. Sucht nach Gründen.

Die Bibel – ein Buch für viele Menschen

Selig, die keine Gewalt anwenden, denn sie werden das Land erben.
Matthäus 5,5

Seid barmherzig, wie es euer Vater im Himmel ist.
Lukas 6,36

Selig, die Frieden stiften, denn sie werden Kinder Gottes genannt werden.
Matthäus 5,9

Vor vielen Hundert Jahren lebte Franziskus, ein reicher junger Mann, in Assisi in Italien. Er liebte es, das Geld mit vollen Händen auszugeben, sich in feine Gewänder zu kleiden und ausgelassene Feste mit seinen Freunden zu feiern.
Als er im Krieg verwundet wurde, änderte er plötzlich sein Leben:
Er trennte sich von seinem reichen Vater, gab seine kostbaren Kleider und alles Geld zurück, das er besaß. Stattdessen trug er ein grobes graues Gewand, verdiente sein Geld bei Bürgern der Stadt und bettelte. Was war passiert? Ein Wort aus der Bibel hatte ihn mitten ins Herz getroffen. Er wollte nur noch in Armut leben und den Menschen die Liebe Gottes predigen.

Mahatma Gandhi wurde vor ungefähr 150 Jahren in Indien geboren. Er gehörte der Hindu-Religion* an.
Als Student in England interessierte er sich sehr für andere Religionen, besonders beeindruckte ihn der christliche Glaube. Die Bergpredigt* las er immer wieder. Sie bestimmte sein Leben im Widerstand gegen die Engländer, die damals sein Land besetzt hielten.
Gandhi organisierte friedliche Demonstrationen und lehnte jede Gewalt gegen Menschen ab.
Es gelang ihm, immer mehr Inder zum friedlichen Kampf gegen die Engländer zu bewegen. Am Ende hatte er Erfolg: Die Engländer zogen sich aus Indien zurück.

Selig, die arm sind vor Gott, denn ihnen gehört das Himmelreich.
Matthäus 5,3

Alles, was ihr von anderen erwartet, das tut auch ihnen.
Matthäus 7,12

Geh, verkaufe, was du hast, gib das Geld den Armen … dann komm und folge mir nach.
Markus 10,21

Was ihr für einen meiner geringsten Brüder und Schwestern getan habt, das habt ihr mir getan.
Matthäus 25,40

Ruth Pfau war Ärztin und zugleich Ordensfrau*. Auf dem Weg nach Indien machte sie eine Zwischenstation in Pakistan. Sie besuchte die Elendsviertel der Hauptstadt. Dort hausten die Leprakranken. Das bewegte sie so sehr, dass sie beschloss, bei ihnen zu bleiben, ihnen als Ärztin zu helfen und sie zu heilen.
Über 50 Jahre lang arbeitete sie in Pakistan. Sie brachte die Regierung des Landes dazu, Krankenhäuser für die Aussätzigen zu bauen. Mit medizinischen Helferinnen reiste sie über Land. In entlegenen Dörfern suchte sie die Kranken auf und versorgte sie mit Medikamenten. Heute ist Lepra als Krankheit in Pakistan ausgerottet. Das ganze Land trauerte, als Ruth Pfau 2017 starb.

Lies die Geschichten und wähle eine aus, die dich besonders interessiert. Bildet Gruppen zu den jeweiligen Personen und bearbeitet die folgenden Aufgaben:

Sammelt Informationen zu eurer Person. Erklärt, wie die Bibel* ihr Leben bestimmt hat.

Ordnet passende Bibelstellen der Person zu, die ihr euch ausgesucht habt. Begründet eure Wahl.

Suche aus den Bibelzitaten eines aus, das für dich wichtig ist. Du kannst es auch in dein Ich-Buch schreiben.

Die Bibel – ein Buch, in dem Menschen von Gott erfahren

Mose fragt am brennenden Dornbusch die Stimme nach ihrem Namen. Er erhält die Antwort: „Ich bin Jahwe, der Ich-bin, das ist mein Name für immer."*

Nach Exodus 3,14–15

Ich bin der Herr, der Gott Abrahams und der Gott Isaaks. Das Land, auf dem du liegst, will ich dir und deinen Nachkommen geben. Ich bin mit dir. Ich behüte dich, wohin du auch gehst.

Nach Genesis 28,13–15

Wähle ein Bild oder einen Text auf dieser Seite aus. Suche dazu die Erzählung im Religionsbuch und erzählt einander die Geschichte.

Beschreibe, was die Menschen in deiner Geschichte über Gott erfahren haben.

Ein Flüchtling erzählt ...

Die Schülerinnen und Schüler der 3. Klasse führen ein Gespräch mit einem jungen Flüchtling, der schon gut Deutsch gelernt hat.

Jonas: Warum sind Sie geflohen?
Ibrahim: In meiner Heimat, in Mali, in Afrika, wurden wir als Christen verfolgt. Mein Bruder wurde getötet. So hatte auch ich große Angst um mein Leben.
Miriam: Wohin sind Sie geflohen?
Ibrahim: Mehrere Monate war ich unterwegs, meistens zu Fuß. Manchmal hatte ich Glück und konnte auf Lastwagen mitfahren. Wohin sollte ich fliehen? Einfach fort, bis zum Meer. Mein Vater hatte mir Geld gegeben, um die Überfahrt auf dem Mittelmeer bezahlen zu können.
Sebastian: Und dann?
Ibrahim: Dann kam das Schlimmste! Ein kleines Boot nahm mich auf. Ich war mit vielen anderen zusammengepfercht! Sturm ... hohe Wellen ... das Boot trieb auf dem Meer ... Schaffen wir es, das Ufer zu erreichen? Ich zitterte vor Angst. In meiner Not habe ich zu Gott gebetet. Er hat ja auch die Israeliten durch das Meer geführt! Immer wieder habe ich den Satz wiederholt: „Ich bin bei dir.“ Das hat mir Kraft gegeben, nicht zu verzweifeln.
Elli: Und jetzt? Wie geht es weiter?
Ibrahim: Auch jetzt glaube ich, dass Gott bei mir ist, auch wenn es sehr schwer ist, in einem fremden Land zu leben. Ich hoffe, dass ich hier arbeiten kann und bald eine eigene Wohnung bekomme.

Menschen beten zu Gott: in der Angst, in der Krankheit, in der Freude usw. Schreibe ein eigenes Gebet und beginne mit: Ich habe Angst, dass ...; Ich bin froh ...; Gott, ich bitte ...

Ibrahim denkt in seiner Not an eine biblische Geschichte. Sucht sie in eurem Buch und diskutiert, warum eine Geschichte aus der Bibel* helfen kann.

Der erste Teil der Bibel – Das Alte Testament entsteht

Der jüdische Junge Ben erzählt auf Seite 38, wie sich die Juden jedes Jahr bei der Pascha-Feier* an die Zeit der Sklaverei und der Befreiung aus Ägypten* erinnern.

Ben fragt seinen Vater: „Woher wissen wir das alles? Es ist doch schon viele Hundert Jahre her."

Sein Vater antwortet: „Das ist eine interessante Frage. Du musst dir das ungefähr so vorstellen:
Die Befreiung aus der Sklaverei in Ägypten haben die Israeliten nicht vergessen, vor allem nicht die Hilfe Jahwes*. Sie haben es ihren Kindern erzählt und diese haben es ihren Kindern weitererzählt. Sie haben in Freude und im Leid zu Jahwe gebetet, ihm gedankt und ihn gelobt in Liedern und Erzählungen. Sie haben auch die Gebote, die Gott am Sinai dem Mose gegeben hat, immer weiter überliefert."

Ben: „Auch die Christen lesen unsere Schriften. Sie nennen sie das Alte Testament*."

Vater: „Du hast ganz recht. Die Christen haben die Erzählungen von Jesus und noch weitere Schriften gesammelt. Sie nennen dies das Neue Testament."

Ben: „Und wer hat das alles aufgeschrieben?"

Vater: „Menschen, die schreiben konnten, haben allmählich einzelne Geschichten, Lieder, Gebote gesammelt und sie auf Schriftrollen geschrieben.

So entstand im Laufe der Zeit unsere Heilige Schrift: die Tora* und die übrigen Schriften. Sie sind in hebräischer Sprache verfasst. Am Sabbat* wird bei uns in der Synagoge* aus einer Schriftrolle vorgelesen."

? Die Bibel* besteht aus vielen verschiedenen Schriften. Vier davon kannst du auf den Schriftrollen entdecken. Informiere dich im Lexikon in diesem Buch.

Wie hältst du Ereignisse, die für dich wichtig sind, in Erinnerung? Denke auch an dein Ich-Buch.

Sucht im Religionsbuch nach Erzählungen, Liedern, Geboten, die aus dem Alten Testament stammen. Ordnet sie in einer ➤ Mindmap.

Der zweite Teil der Bibel – Das Neue Testament entsteht

Für die Christen ist das Neue Testament* der zweite Teil der Bibel*. Es enthält die vier Evangelien*, die Apostelgeschichte, Briefe von Aposteln* und die Offenbarung des Johannes. Das Neue Testament ist in griechischer Sprache geschrieben.

So könnte ein Evangelium entstanden sein:
Jonathan, ein junger Christ, besucht Markus in seiner Schreibwerkstatt. Markus ist dabei, ein Evangelium zu schreiben.

Jonathan: „Da liegen ja ganz viele Schriftrollen herum. Woher hast du die vielen Rollen?“

Markus: „Christen haben zunächst Geschichten von Jesus weitererzählt. Später wurden diese aufgeschrieben, besonders das, was Jesus gesagt hat, und seine Wunder. Auch in meiner Gemeinde wurden zum Beispiel seine Gleichnisse erzählt. Vor allem aber seinen Tod am Kreuz und die Botschaft von seiner Auferweckung werden wir nie vergessen."

Jonathan: „Was machst du jetzt mit den Schriftrollen, in denen die Erzählungen über die Worte und Taten Jesu stehen?"

Markus: „Ich bin gerade dabei, alles, was ich gesammelt habe, zu sortieren, zu ergänzen und daraus eine zusammenhängende Geschichte zu schreiben. Die Überschrift habe ich schon: Ich nenne meine Sammlung: Evangelium. Viele Gemeinden warten bereits darauf, dass sie eine solche Sammlung von Jesu Taten und Worten bekommen."

Übertragt die Titel der Schriftrollen auf Kärtchen. Bringt sie in eine sinnvolle Reihenfolge und begründet.

Neben Markus haben noch drei weitere Männer ein Evangelium* geschrieben. Sucht im Lexikon die Namen dieser Evangelisten.

? Markus nennt seine Sammlung ein Evangelium: eine frohe Botschaft, eine gute Nachricht. Überlegt, für welche Menschen die Worte und Taten Jesu damals und heute eine gute Nachricht sein können.

Erzählen – Schreiben

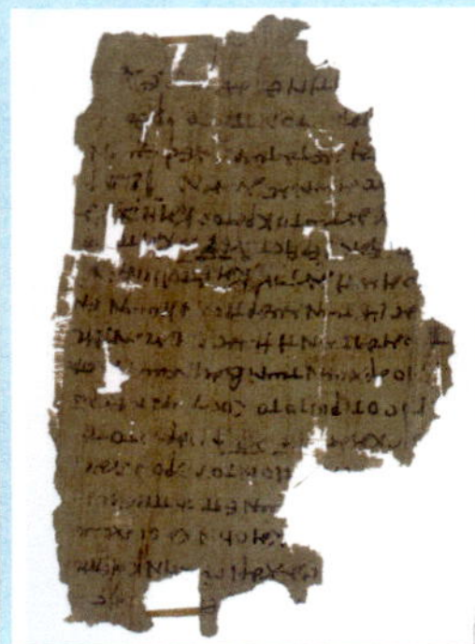

Menschen schrieben ihre Erfahrungen mit Gott auf Tierhäute oder auf Papier, das sie aus der Papyrus-Staude* gewonnen hatten. Sie benutzten dazu einen Federkiel und selbst hergestellte Tinte. Sie schrieben in hebräischer und griechischer Sprache.

Im Mittelalter schrieben Mönche* in den Klöstern über viele Monate und Jahre die Bibel* ab, malten Bilder dazu und verzierten oft kunstvoll die Anfangsbuchstaben eines Kapitels. Diese wertvollen, auf Pergament* geschriebenen Bibeln werden heute in Bibliotheken und Museen aufbewahrt.

Fertige mit Papierstreifen in Flechtarbeit ein „Papyrusblatt“ an (siehe dazu auch Seite 117). Beschrifte es mit einem Psalmvers*.

Gestalte einen kurzen Bibeltext wie die Mönche im Mittelalter mit einem besonders verzierten Buchstaben am Anfang.

Drucken – Digitalisieren

Die erste Bibel wurde vor 500 Jahren gedruckt. Johannes Gutenberg* erfand bewegliche Buchstaben aus einer Bleimischung. Damit setzte er den Text der Bibel zusammen. Auf diese Weise konnten mehrere Bibeln gedruckt werden.

Heute gibt es Bibeln nicht nur als Buch, sondern auch digital. Die Bibel kann auch als E-Book gelesen werden. Man kann sie als App auf das Handy oder auf das Tablet herunterladen.

? Informiere dich im Internet über die Gutenberg-Bibel.
Trage deine Ergebnisse in der Religionsgruppe vor.

Welche Vorteile haben die modernen Medien für die Benutzung der Bibel? Zähle auf.

In der Bibelwerkstatt

? Suche mit deiner Partnerin, deinem Partner die Bibelstellen auf der Tafel in deinem Religionsbuch. Lest euch die Geschichten vor. Ordnet sie dem Alten oder dem Neuen Testament* zu. Vergleicht eure Ergebnisse.

Plant mit der evangelischen Religionsgruppe eine Bibelnacht. Überlegt euch ein Thema, zum Beispiel „Weg“ oder „Nacht“ oder „Advent“. Sucht dazu biblische Erzählungen, Spiele, Lieder und Gebete.

Baut mit Decken, Tüchern und Kissen ein gemütliches Erzählzelt. Wählt eure Lieblings-Bibelgeschichte aus und erzählt sie.

Wählt eine biblische Geschichte aus, teilt sie in Szenen auf und malt dazu jeweils Bilder. Erzählt mit diesen Bildern mithilfe des Kamishibai-Theaters diese Geschichte.

Nachdenken – mitfühlen – handeln

- Wann lesen Menschen die Bibel*? Schau dir die Fotos an: Lass eine Person sprechen. Finde weitere Beispiele.
- Der Priester auf dem Foto oben hält ein Buch in die Höhe und zeigt es der Gemeinde. In dem Buch steht der Text aus der Bibel, den er gerade vorgetragen hat. Beschreibe, was er damit ausdrückt.
- Betrachte das ➤ Bild auf Seite 89. Beschreibe, wie die Figur die Bibel liest.
- Setze dich genauso hin. Bleibe eine Zeitlang in dieser Haltung. Wie fühlst du dich dabei?

Ich bin gefragt

- Das habe ich verstanden und neu gelernt.
- Das will ich mir aus diesem Kapitel besonders merken.
- Darüber möchte ich weiter nachdenken.

Mein Ich-Buch

In dein Ich-Buch schreibst du hinein, was dir wichtig ist: Geschichten, Erlebnisse und Gedichte.
Du klebst Bilder und Fotos ein und malst Bilder ... alles findet darin Platz.
Auf dieser Seite kannst du dich anregen lassen.

Bei mir zu Hause und in meiner Freizeit

Das mache ich am liebsten: ...
Das gefällt mir an meiner Familie: ...
Das ärgert mich manchmal: ...
Meine Erstkommunion, ein unvergessliches Fest
Ich unternehme viel mit meiner Freundin/meinem Freund
Meine Lieblingsmusik: ...

In der Schule und im Religionsunterricht

Meine Lieblingsfächer: ...
Ich träume von einer Schule, in der ...
Eine biblische Erzählung, ein Gebet, ein Lied, das ich mir merken will:
Darüber denke ich manchmal nach:
Das wollte ich Gott schon immer fragen: ...

Gebete

Am Morgen

Guter Gott, ich danke dir für die Nacht.
Ich bitte dich für den Tag:
Schenke mir viel Freude
und lass mich Schönes erleben.
Bewahre mich vor Unglück
und hilf, dass es keinen Streit gibt.
Segne mich für den heutigen Tag.
Amen

Good morning to you,
good morning to you,
we're all in our places,
with bright shiny faces
and we all can pray:
please, God, save this day!

Vor dem Essen

O Gott, von dem wir alles haben,
wir preisen dich für deine Gaben.
Du speisest uns, weil du uns liebst.
O segne auch, was du uns gibst.

Am Abend

Der Tag ist nun zu Ende,
und leise kommt die Nacht.
Ich leg' in deine Hände,
was froh und traurig macht.

Bleib bei mir, guter Vater!
Lass mich geborgen sein.
In deinem reichen Segen
Schlafe ich ruhig ein.

In der Schule

Gott,
segne unsere Klasse und hilf uns,
dass wir eine gute Gemeinschaft werden,
dass wir nicht gegeneinander arbeiten,
sondern uns helfen, wo wir können.
Gib uns Lehrerinnen, die Spaß vertragen
und die uns alles gut erklären können.

Grundgebete

Das Kreuzzeichen

Im Namen des Vaters und des Sohnes und des Heiligen Geistes. Amen.

Gegrüßet seist du, Maria

Gegrüßet seist du, Maria,
voll der Gnade,
der Herr ist mit dir.
Du bist gebenedeit
unter den Frauen,
und gebenedeit ist die Frucht
deines Leibes, Jesus.
Heilige Maria, Mutter Gottes,
bitte für uns Sünder
jetzt und in der Stunde unseres Todes. Amen.

Vater unser

Vater unser im Himmel,
Geheiligt werde dein Name.
Dein Reich komme.
Dein Wille geschehe, wie im Himmel so auf Erden.
Unser tägliches Brot gib uns heute.
Und vergib uns unsere Schuld, wie auch wir vergeben unseren Schuldigern.
Und führe uns nicht in Versuchung, sondern erlöse uns von dem Bösen.
Denn dein ist das Reich und die Kraft und die Herrlichkeit in Ewigkeit. Amen.

- Suche in deinem Religionsbuch weitere Gebete.
- Du kannst dir eigene Gebete ausdenken. Schreibe Gebete, die du gerne betest, in dein Ich-Buch.
- Schreibe eines der Grundgebete ab und verziere es.
- Ihr könnt für eure Klasse ein Klassengebetbuch anlegen, in das ihr über das Jahr Gebete eintragt. Denkt auch an Lieder und Bilder.

Bilder betrachten

Wenn du ein Bild betrachtest, solltest du schrittweise vorgehen. Die Fragen helfen dir dabei:

1. Was sehe ich alles?
2. Was nehme ich bei genauerem Hinsehen wahr? Personen, Landschaft, Farben ... Wie ist das Bild aufgebaut?
3. Was will der Künstler mit dem Bild aussagen? Welche Überschrift oder welchen Titel hat das Bild? Welche Überschrift oder welchen Titel würde ich dem Bild geben?
4. Wie wirkt das Bild auf mich?
5. Welche Geschichte, welches Lied, welches andere Bild fällt mir zu diesem Bild ein? Könnte ich das Bild weitermalen, ergänzen oder übermalen?

Fischgrät-Methode

Diese Arbeitsform hilft dir bei der Sammlung von Gedanken zu einem Thema.
Zeichne eine Fischgräte auf einen Bogen Papier.

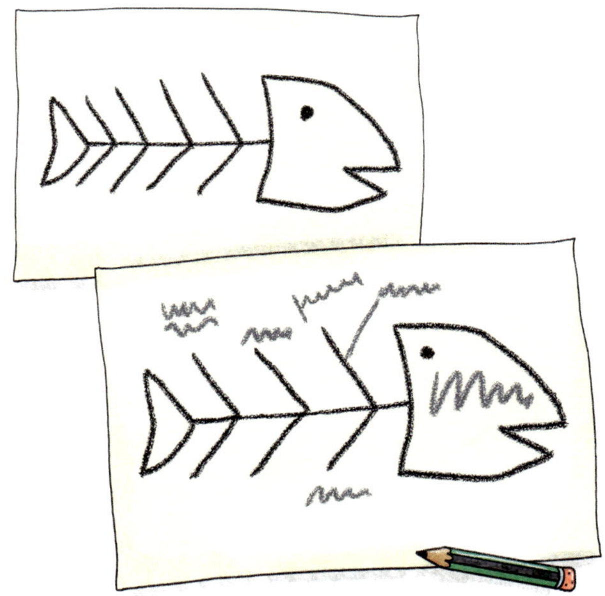

Notiere im Kopf des Fisches das Thema, die Frage, das Problem ... Jetzt schreibst du an die einzelnen Fischgräten, was alles zum Thema gehört. Dies ist auch in Partnerarbeit möglich. Ihr könnt an die Fischgräte noch weitere Verzweigungen zeichnen und eure Gedanken dazu schreiben.

Ich-du-wir-Methode

siehe Think-pair-share-Methode (Seite 111)

Ein Interview führen

In einem Interview befragt ihr andere Menschen.

1. Sammelt Fragen, die ihr einer Person stellen wollt.
2. Legt fest, wer die Fragen stellt.
3. Fragt, ob ihr ein Aufnahmegerät verwenden dürft.
4. Legt Zeit und Ort fest.
5. Führt das Interview durch.
6. Sprecht darüber, was ihr Neues erfahren habt.

Mindmap

Notiere in der Mitte eines Blattes das Thema oder eine Frage. Schreibe neue Gedanken zum Thema und verbinde Gedanken, die zusammengehören, durch Linien mit der Mitte oder untereinander auf deinem Blatt.
Bei dieser Methode kannst du allein, mit einem Partner oder in einer Gruppe arbeiten.
Ein Beispiel für eine Mindmap, hier zum Thema Sonntag, findest du oben in der nächsten Spalte.

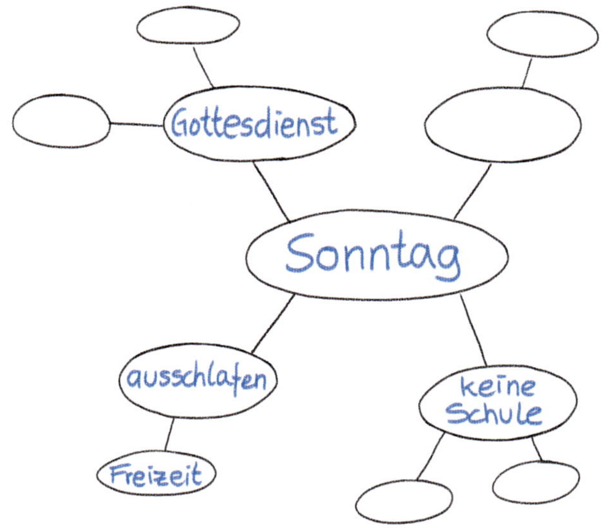

Museumsgang

Du arbeitest zunächst für dich allein. Du malst zum Beispiel ein Bild. Lege dann das, was du gestaltet hast, vor dich auf deinen Platz oder auf den Boden im Kreis.
Alle Kinder deiner Lerngruppe gehen im „Museum" ruhig umher und betrachten die einzelnen Arbeiten.
Anschließend hast du die Gelegenheit, dich zu einzelnen „Ausstellungsstücken" im „Museum" zu äußern.

Placemat

Diese Methode wird auch „Platzdeckchen“ genannt. Verwendet dazu ein DIN-A3-Blatt und zeichnet um ein großes Rechteck in der Mitte vier Felder.
Setzt euch zu viert um das Blatt herum. Schreibt in in die Mitte das Thema, die Frage, den Arbeitsauftrag.

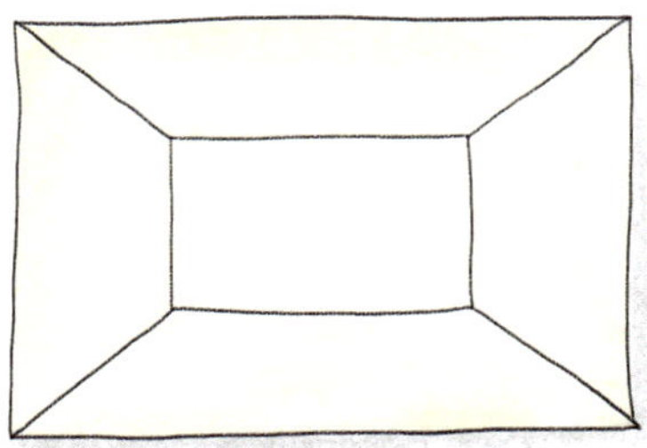

So geht es:

1. Jeder denkt für sich nach und notiert seine Ergebnisse in das Feld vor sich.
2. Stellt euch dann eure Ergebnisse im Gespräch gegenseitig vor.
3. Sucht nach einer gemeinsamen Antwort, haltet das Ergebnis in der Mitte des Blattes fest und stellt euer Ergebnis in der Klasse vor.

Rollenspiel

Mit einem Rollenspiel könnt ihr eine Erzählung oder eine biblische Geschichte mit verschiedenen Rollen spielen.

1. Verteilt die Rollen in der Gruppe. Denkt daran, dass es auch Beobachter geben muss.

2. Versetzt euch in die Person, die ihr spielt, hinein.
3. Wie drückt ihr die Gedanken und Gefühle dieser Person aus? Was sagt ihr mit Worten, was mit dem Gesicht, mit den Händen, mit dem Körper?
4. Spielt die Geschichte den anderen vor.
5. Die Beobachter berichten den Spielern: Was ist ihnen aufgefallen? Was hat sie besonders beeindruckt? Welche Stellen könnte man auch anders spielen?

Sinnengedicht/Gedicht mit allen Sinnen

Schreibe zu einem Wort ein Gedicht, in dem alle fünf Sinne vorkommen.
Jede Zeile beginnt mit dem Wort, das du gewählt hast.
Beispiel:
Advent sieht aus wie Kerzen in der Dunkelheit.
Advent riecht wie Plätzchenbacken in der Küche.
Advent schmeckt wie Früchtepunsch.
Advent klingt wie Adventslieder.
Advent fühlt sich an wie eine liebe Umarmung.

Standbild

Bei einem Standbild wählt ihr eine Situation, zum Beispiel aus einer Geschichte, aus und stellt diese dar, ohne zu sprechen und ohne euch zu bewegen. Nur mit eurer Körperhaltung und eurem Gesichtsausdruck zeigt ihr, was ihr darstellen wollt.
Ein oder zwei Mitschülerinnen oder Mitschüler können euch als Spielleiter in die entsprechenden Positionen bringen.

Think-pair-share-Methode

Think (denken): Zunächst denkst du allein über ein Thema oder ein Problem nach.

Pair (sich zusammentun): In Partnerarbeit tauscht ihr dann eure Gedanken, eure Ergebnisse aus.

Share (teilen): Jedes Paar stellt seine Arbeitsergebnisse in der Klasse vor.

Ägypten

Ägypten ist ein Land in Nordafrika. Es ist fruchtbar durch den Nil, mit rund 6700 km einer der längsten Flüsse der Erde. Früher stieg er im Sommer an und überflutete das Land. Wenn das Wasser zurückging, blieb Schlamm als fruchtbarer Dünger für die Felder zurück. Blieb das Wasser aus, gab es große Hungersnöte.
Ägypten war zur Zeit des Alten Testaments* ein mächtiges Reich. Die Könige wurden Pharao* genannt. Sie ließen für sich mächtige Grabmäler erbauen, die Pyramiden, die wir noch heute bewundern können.

Die berühmten Pyramiden von Gizeh in Ägypten: Sie wurden vor etwa 4500 Jahren erbaut.

Altar

Der Altar ist der Tisch, um den sich die Christen zur Feier der Eucharistie* versammeln. Brot und Wein werden zum Altar gebracht. Der Altar erinnert an das letzte Abendmahl Jesu mit seinen Freunden. Er ist der Ort, an dem die Gemeinde feiert, dass Jesus sich selbst für die Menschen hingegeben hat. In Brot und Wein ist Jesus gegenwärtig. Der Altar wird auch der „Tisch des Brotes" genannt. Der Altar steht vorne in der Mitte der Kirche, sodass alle ihn gut sehen können. Er wird mit Kerzen und Blumen geschmückt.

Altes Testament

Das Alte Testament (AT) ist der erste Teil der christlichen Bibel*. Es besteht aus zahlreichen Einzelschriften, die in vielen Jahrhunderten geschrieben wurden. Das Alte Testament beginnt mit den Schöpfungserzählungen. Vor allem enthält es die Geschichte des Volkes Israel mit seinem Gott Jahwe*. Wichtige Schriften sind die Bücher der Propheten* und die Psalmen*. Das Alte Testament ist ursprünglich größtenteils in hebräischer Sprache geschrieben.

Die hebräische Schrift wird von rechts nach links gelesen.

Ambo

Ambo wird das erhöhte Pult genannt, das in der Nähe des Altars* steht. Am Ambo wird im Gottesdienst das Wort Gottes verkündet. Deshalb wird der Ambo auch „Tisch des Wortes" genannt. Der Ambo ist auch der Ort für die Predigt und die

Der Ambo steht dem Altar, dem „Tisch des Brotes", gleichwertig gegenüber. Beide sind oft ähnlich gestaltet.

Fürbitten der Gemeinde. Er ist oft festlich geschmückt zum Zeichen der Verehrung des Evangeliums*.

Apostel

Das Wort Apostel bedeutet „Abgesandter". Die zwölf Apostel gehörten zum engeren Kreis um Jesus. Er sandte sie aus, um seine Botschaft vom Reich Gottes den Menschen zu verkünden. Nach der Auferstehung Jesu kamen weitere Apostel dazu, der bekannteste ist der Apostel Paulus.

Bergpredigt

Die Bergpredigt ist eine Sammlung von Jesus-Worten. Wir finden sie im Matthäus-Evangelium* in den Kapiteln 5–7. Für die Christen ist sie eine wichtige Wegweisung. Bekannt sind vor allem die Seligpreisungen, die Aufforderung, die Feinde zu lieben, und die „Goldene Regel". Diese heißt: „Alles, was ihr also von anderen erwartet, das tut auch ihnen!" (Mt 7,12).

Bibel

Das Wort Bibel wird vom griechischen Wort *biblos* abgeleitet. Es heißt übersetzt „das Buch". Die Bibel besteht aus zwei Teilen, dem Alten Testament* (oder dem Ersten Testament) und dem Neuen Testament*. Altes und Neues Testament sind für Christen Heilige Schrift, die das Wort Gottes enthalten. Für Juden sind die meisten Bücher des Alten Testaments Heilige Schrift. Die einzelnen Bücher der Bibel haben Namen. Die ersten beiden Bücher der Bibel heißen Genesis* und Exodus*. Das fünfte Buch heißt Deuteronomium*.

Bistum

Ein Bistum (oder eine Diözese) ist ein größeres Gebiet mit vielen Pfarrgemeinden. Das Bistum wird von einem Bischof geleitet. Es wird nach der Bischofstadt benannt (zum Beispiel Bistum Augsburg, Bistum Würzburg).

Deuteronomium

Das Buch Deuteronomium ist das fünfte Buch der Bibel*. In ihm wird erzählt, wie Mose gegen Ende seines Lebens nochmals die Gebote Gottes zusammenfasst, die das Volk Israel befolgen soll. Diese Weisungen sind bereits im Buch Exodus* aufgeschrieben. Daher stammt der Name „Deuteronomium", das heißt wörtlich „zweites Gesetz".

Eucharistie

Das Wort „Eucharistie" kommt aus dem Griechischen und bedeutet „Danksagung". Die Christen sagen Dank, wenn sie sich zur Feier der Eucharistie versammeln. Sie gedenken dabei der Worte und Taten Jesu, seines Leidens und seiner Auferstehung. Sie sagen Dank, dass Jesus in seinem Wort, in ihrer Gemeinschaft, in Brot und Wein gegenwärtig ist. Die Eucharistie ist ein Sakrament*, ein Zeichen der Liebe Gottes.

Evangelium

Das Wort „Evangelium" kommt aus dem Griechischen und bedeutet „gute Nachricht" oder auch „frohe Botschaft".
Mit Jesus hat für die Menschen eine neue Zeit des Heils angefangen. Die Christen verkünden dies als eine frohe Botschaft für alle. Später wurden auch die ersten vier Schriften des Neuen Testaments* „Evangelium" genannt: das Evangelium nach Matthäus, nach Markus, nach Lukas, nach Johannes. Diese vier Männer heißen auch Evangelisten.

Exodus

Exodus ist das zweite Buch der Bibel*. Im Mittelpunkt des Buches stehen die Erzählungen von der Unterdrückung und der Befreiung der Israeliten. Jahwe* offenbart Mose seinen Namen. Er führt die Israeliten in die Freiheit. Der Auszug der Israeliten aus Ägypten heißt auf Lateinisch *exodus*. Daher hat das Buch seinen Namen. Auch die Erzählungen von der Übergabe der zehn Weisungen* an Mose auf dem Berg Sinai finden sich in dem Buch.

Farben, liturgische

Der Priester trägt in der Liturgie, also im Gottesdienst, Gewänder in bestimmten Farben. An diesen Farben wird deutlich, was gerade im Kirchenjahr gefeiert wird. Für Weihnachten und Ostern wird im Gottesdienst die Farbe Weiß als Zeichen der Freude verwendet. Rot drückt an Pfingsten* Feuer und Begeisterung aus; am Karfreitag oder an Gedenktagen von Heiligen, die für ihren Glauben gestorben sind, weist die Farbe Rot auf den gewaltsamen Tod und das vergossene Blut hin. In der Fastenzeit und in der Adventszeit steht das Violett für Umkehr und Besinnung der Christen. Grün als Zeichen der Hoffnung und des Lebens wird für die übrige Zeit im Kirchenjahr verwendet.

Genesis

„Genesis" wird das erste Buch der Bibel* genannt. Das Wort „Genesis" bedeutet „Schöpfung". Im ersten Buch der Bibel stehen Erzählungen über den Anfang der Welt und des Menschen, über die Sintflut, über Abraham und Jakob sowie die Geschichten von Josef.

Gotteslob

Das Gotteslob ist das Gebetbuch für die katholischen Christen in Deutschland. Es enthält viele Gebete und Lieder, besonders für den Gottesdienst. Das Gotteslob hat außerdem einen „Eigenteil" für jedes Bistum*. Dieser „Eigenteil" enthält neben weiteren Liedern und Gebeten auch Informationen zu den Heiligen, die im Bistum besonders verehrt werden.

Gutenberg, Johannes

Johannes Gutenberg wurde um das Jahr 1400 in Mainz geboren. Er war zunächst Goldschmied. Nach vielen Versuchen gelang es ihm, Buchstaben und Zeichen in einer Bleimischung zu gießen. Damit konnte er Wörter und Sätze zusammensetzen und ganze Seiten drucken. Als erstes Buch druckte er die Bibel*, die als „Gutenberg-Bibel" bekannt wurde. Im Gutenberg-Museum in Mainz kann man sich über die Anfänge des Buchdrucks informieren und auch eine Gutenberg-Bibel besichtigen.

Hindu-Religion

Die Hindu-Religion (Hinduismus) ist vor allem in Indien verbreitet. Hindu-Gläubige verehren viele Götter, besonders Brahma, Vishnu und Krishna. Wichtig für die Gläubigen ist das gute Handeln. Sie glauben, dass die Seele nach dem Tod in einer anderen Gestalt wiedergeboren wird.

Jahwe

Am brennenden Dornbusch erhielt Mose auf seine Frage nach dem Namen Gottes diese Antwort: „Ich bin, der ich bin. Dies ist mein Name für alle Zeiten." Die Juden nennen seitdem ihren Gott „Jahwe". Sie glauben, dass ihr Gott für sie da ist und sie begleitet. Aus Ehrfurcht vor Gott sprechen fromme Juden den Namen nicht aus, sondern sagen stattdessen „Herr" *(adonai)* oder „der Ewige".

יְהוָה

Das Wort „Jahwe" in hebräischer Schrift

Kirche

Das Wort „Kirche" heißt übersetzt „dem Herrn gehörig". Es hat zwei Bedeutungen:

1. Kirche meint die Gemeinschaft der Christen, die sich durch die Taufe zu Jesus Christus bekennen.
2. Kirche wird auch das Gebäude genannt, in dem sich die Christen zum Gottesdienst versammeln. Diese Bauwerke prägen oft auch das Bild des Dorfes oder der Stadt, sind durch ihre Türme weithin sichtbar und kostbar eingerichtet.

Die Lamberti-Kirche in Münster

Mazzen (auch: Matzen)

Mazzen oder „ungesäuerte Brote" sind dünne Brotfladen, gebacken nur aus Wasser und Mehl. Mazzen essen die Juden an Pascha* zur Erinnerung an den eiligen Auszug aus Ägypten*. Mazzen wird auch das „Brot des Elends" genannt.

Mazzen sind dünne Brotfladen aus Mehl und Wasser.

Mesusa

Die Mesusa ist eine kleine Kapsel, die am rechten Türpfosten des jüdischen Hauses angebracht wird. In der Kapsel sind in kleinen Schriftrollen Bibeltexte untergebracht, zum Beispiel das jüdische Glaubensbekenntnis: „Höre Israel! Der Herr, unser Gott, der Herr ist einzig" (Deuteronomium 6,4). Beim Betreten des Hauses berühren fromme Juden die Mesusa und wünschen den Bewohnern und Bewohnerinnen Frieden (siehe Foto Seite 41).

Misereor

Das Wort heißt übersetzt: Ich erbarme mich. Die katholischen Christen unterstützen mit diesem Hilfswerk Menschen in Not, vor allem in Afrika, Lateinamerika und Asien. Sie sorgen zum Beispiel für die Schulbildung von Kindern, für die Ausbildung von Frauen, für sauberes Wasser und für den Anbau von Getreide. Aber auch bei Naturkatastrophen und in Kriegsgebieten kümmern sie sich um Menschen, die obdachlos geworden sind oder unter einer Hungersnot leiden. Vor allem in der Fastenzeit sammeln die Katholiken Geld für diese Projekte.

Mönche

Mönche und Nonnen leben in Klöstern und Ordens-gemeinschaften (Orden*).

Narde

Die Narde ist eine Pflanze, die vor allem in Indien wächst. Aus ihrer Wurzel und den Stängeln gewinnt man einen Saft, der fein duftet. Mit Öl vermischt gibt er ein kostbares Parfum, das in biblischer Zeit sehr teuer war.

Indische Narde

Neues Testament

Das Neue Testament ist der zweite große Teil der Bibel*. Es ist in griechischer Sprache geschrieben. Das Neue Testament (NT) enthält die Worte und Taten Jesu, sein Leiden und die Verkündigung der Auferstehung, wie sie die vier Evangelisten nieder-geschrieben haben. In der Apostelgeschichte erfahren wir etwas über die Aus-breitung des Evangeliums* und das Leben der ersten Christinnen und Christen. Das Neue Testament enthält außerdem Briefe des Apostels Paulus und anderer Apostel* und als letzte Schrift die Offenbarung des Johannes.

Ordensfrau, Orden

Orden nennt man die Gemein-schaft von Frauen und Männern, die meistens in Klöstern zusammenleben. Sie stellen sich ganz in den Dienst Gottes. Ihre Hauptaufgabe ist das Lob Gottes. Sie dienen den Menschen, vor allem den Armen, Kranken, Fremden und den Kindern, die ohne Eltern aufwachsen müssen, oder sie verkünden das Evangelium* in der Mission. Sie geloben arm und ehelos zu leben und gehorchen einem Oberen.

Ordensschwestern beim gemeinsamen Gebet

Papyrus

Die Papyrus-Staude wächst im Wasser. Sie ist vor allem in Ägypten* verbreitet. Ihre armdicken Stängel werden bis zu vier Meter hoch. Aus dem Innern der Stängel stellte man Papier her. Dazu wurde das Innere zuerst in Streifen geschnitten, man legte sie aneinander und in einer zweiten Schicht quer darüber. Nach dem Trocknen wurde die Oberfläche mit einem harten Gegenstand geglättet. Einzelne Blätter klebte man aneinander und rollte sie auf. Die ersten biblischen Texte wurden auf Papyrus geschrieben.

Pascha (sprich: Pas-cha; auch: Pessach)

Das Pascha-Fest wird bei den Juden jedes Jahr im Frühjahr mit der ganzen Familie gefeiert. Sie erinnert sich dabei an den Auszug aus Ägypten*:

Die Papyrus-Pflanze wird in mehreren Arbeitsschritten zu Papier verarbeitet.

Gott hatte den Israeliten aufgetragen, dieses Gedenkfest zu feiern, bevor sie mit seiner Hilfe Ägypten endlich verlassen konnten (siehe Exodus 12,1–14). Zum Pascha-Fest gehört, sieben Tage lang nur ungesäuertes Brot zu essen. Man nennt es daher auch das Fest der Mazzen* (Fest der ungesäuerten Brote).

Pergament

Pergament ist eine bearbeitete Tierhaut. Sie wurde schon im Altertum zum Beschreiben verwendet. Pergament hat eine glatte Oberfläche, eine helle Farbe und ist sehr langlebig. Schriften des Neuen Testaments* wurden auf Schriftrollen aus Pergament überliefert.

Pfingsten

Das Wort Pfingsten ist vom griechischen Wort *pentecoste* (fünfzig) abgeleitet. Die Juden feiern 50 Tage nach dem Pascha-Fest* das Wochenfest, ein Erntefest. An einem solchen Wochenfest fand das Pfingstereignis statt (siehe Seite 78). Pfingsten als christliches Fest wird am 50. Tag nach Ostern gefeiert. Es erinnert an das Kommen des Heiligen Geistes. Pfingsten wird auch als der Geburtstag der Kirche* begangen.

Pharao

Pharao ist der Name für die Könige im Alten Ägypten*. Das Wort bedeutet ursprünglich

Statue des Pharao Ramses. Er war einer der mächtigsten Herrscher Ägyptens.

„Hohes Haus". Eine wichtige Aufgabe des Pharao war es, dem Volk den göttlichen Willen zu vermitteln, damit es dem Volk gut ging. Die Pharaonen wurden als göttliche Wesen verehrt.

Prophet

Propheten sind von Gott berufen, seinen Willen dem Volk und den Mächtigen zu verkünden. Vor allem verurteilen sie ungerechtes Verhalten gegenüber den Armen und Schwachen. Sie rufen dazu auf, Jahwe* die Treue zu halten und nicht fremden Göttern nachzulaufen. Sie sprechen den Menschen auch Mut zu und erinnern sie an Gottes Treue und Liebe. Elija (Seite 20) war ein bedeutender Prophet zur Zeit des Alten Testaments*.

Psalm

Psalmen sind Gebete und Lieder, die vor allem im Buch der Psalmen im Alten Testament* gesammelt sind. Im Vertrauen auf Gott bringen die Menschen in diesen Gebeten und Liedern alles, was sie bewegt, vor ihn. Sie seufzen, klagen, haben Angst, sie freuen sich, jubeln, loben Gott, danken ihm und hoffen auf seine Hilfe.

Sabbat

Der Sabbat ist der Ruhetag der Juden. Er beginnt am Freitagabend mit Einbruch der Dunkelheit. Die Hausfrau begrüßt den Sabbat mit dem Entzünden der beiden Sabbat-Kerzen und spricht über sie den Segen. Am Sabbat ist für die Juden jede Arbeit verboten, auch ein Weg, der länger ist als etwa ein Kilometer. Die Familie besucht den Gottesdienst in der Synagoge*. Sie freut sich über die freie Zeit und genießt das Zusammensein.

Sakramente

Sakramente sind heilige Zeichen. In ihnen zeigt sich die Zuwendung Gottes zu den Menschen in besonderer Weise. Sie wird in den Zeichen sichtbar und wirksam. Die beiden wichtigsten Sakramente sind Taufe und Eucharistie*. Bei wichtigen Stationen des menschlichen Lebens wird die Zuwendung Gottes besonders gefeiert, zum Beispiel am Beginn des Lebens oder bei der Eheschließung. Die katholische Kirche* kennt sieben Einzelsakramente: Taufe, Eucharistie*, Firmung, Sakrament der Versöhnung, Ehesakrament, Weihesakrament (Diakon, Priester, Bischof) und Krankensalbung.

Seder-Teller

Der Seder-Teller ist ein wichtiger Bestandteil bei der Feier des Seder-Abends. Dieser Abend heißt so, weil er nach einer bestimmten festgelegten Ordnung abläuft (hebräisch heißt Seder: feste Ordnung). Mit diesem Abend beginnt das Pascha-Fest*.
Auf dem Seder-Teller liegen verschiedene Speisen, die besondere Bedeutung haben. Das braune Mus aus Weizen, Äpfeln und Nüssen zum Beispiel steht für den Lehm, aus dem die Israeliten in Ägypten* die Ziegel für den Pharao* herstellen mussten. Die Bitterkräuter sollen an die bitteren Leiden der Israeliten in Ägypten erinnern.

Synagoge

Synagoge ist der Versammlungsort der jüdischen Gemeinde und zugleich das religiöse Zentrum. Die Synagoge ist der Ort für den Gottesdienst, aber auch für Unterricht und das gemeinsame Gespräch.

Der Synagogen-Gottesdienst besteht aus Gebet, Schriftlesung, Auslegung der Schrift und dem Segen. Die Mitte der Synagoge ist der Schrein, in dem die Tora-Rollen* aufbewahrt werden. Sie werden zur Lesung feierlich aus dem Schrein geholt.

In der Augsburger Synagoge versammeln sich die Juden zum Gottesdienst.

Tabernakel

Der Tabernakel (lateinisch für Zelt) ist in katholischen Kirchen* der Aufbewahrungsort für das eucharistische Brot. Es ist zumeist ein kleines, wertvoll ausgestattetes Kästchen. Zum Zeichen der Gegenwart Jesu in diesem Brot brennt vor dem Tabernakel das „ewige Licht", ein rotes Öllämpchen.

Im Tabernakel werden nach der Eucharistiefeier die übrig gebliebenen Hostien in einem Gefäß aufbewahrt.

Tefillin

Tefillin sind Gebetsriemen mit zwei schwarzen Kapseln (siehe Foto Seite 41). In ihnen befinden sich Bibeltexte. Die Kapseln trägt der Jude beim Gebet an der Stirn und an der Innenseite des linken Oberarms, gegenüber dem Herzen. Die Worte der Bibel* sollen in seinem Kopf und im Herzen gegenwärtig sein.

Tora (auch: Thora)

Tora heißt so viel wie „Lehre" oder „Gesetz". In den ersten fünf Büchern des Alten Testaments* sind für die Juden die Gesetze Gottes niedergeschrieben, die sie befolgen sollen. Diese fünf Bücher (Tora-Rollen, siehe Foto Seite 41) werden deshalb auch einfach Tora genannt. Aus den Tora-Rollen wird am Sabbat* abschnittsweise in der Synagoge* gelesen.

Zehn Gebote/Weisungen

Die Zehn Gebote stehen im Alten Testament*, im Buch Exodus* und im Buch Deuteronomium*. Sie werden auch die „zehn Weisungen" genannt. Mose hat sie auf dem Berg Sinai von Gott als Wegweiser für die Israeliten erhalten. Wenn sie diese zehn Gebote befolgen, werden sie weiterhin in Freiheit zusammenleben können. Die Zehn Gebote sind auch für unser Leben wichtige Wegweiser.

Zöllner

An manchen Grenzen muss man Zoll bezahlen, wenn man bestimmte Waren in das Land einführen will. So war es schon im Römischen Reich zur Zeit Jesu. Die Römer erhoben im besetzten Land Israel Zoll, zum Beispiel an den Stadttoren. Sie setzten dafür Zöllner ein, die für die Zolleinnahmen zu sorgen hatten. Die Zöllner waren bei den Juden nicht beliebt, denn sie arbeiteten mit Römern zusammen, die das Land besetzt hielten. Außerdem nahmen sie den Händlern oft zu viel Geld ab, um sich selbst zu bereichern.

Quellenverzeichnis

Bilder:
3 v. li. n. re.: Ernst Klimek, Herzogenaurach; stock.adobe.com/S. Kobold; Margaretha Pawlischek, München
6 Margaretha Pawlischek, München
8 stock.adobe.com/pinkyone
15 Paul Klee (1879–1940), Grenzen des Verstandes, 1927, Tempera auf Leinwand, 56,3×41,5cm © bpk/ Bayerische Staatsgemäldesammlungen
21 Marc Chagall (1887–1985), Jakobs Traum, 1960–1966, Öl auf Leinwand, 195×278 cm, Inv. Nr. MBMC 8, Nizza, Musée National Marc Chagall, Nizza, Foto: akg-images © VG Bild-Kunst, Bonn 2019
23 © Sieger Köder (1925–2015), Elija am Horeb
27 Dan Rubinstein (*1940), aus dem Zyklus von Glasfenstern in der Kirche St. Verena in Stäfa, Schweiz, 2003 © VG Bild-Kunst Bonn 2019
28/29 Fotos: © Adveniat
33 siehe 27
35 Stuttgarter Psalter, 820–830, Abtei Saint-Germain-des-Prés © Stuttgart, Württembergische Landesbibliothek, Cod. bibl. fol. 23, Bl. 89v
36 siehe 27
40 o. li.: © Getty Images/E+/emyerson; u. re.: stock.adobe.com/Ezume Images
41 © F1online
42 stock.adobe.com/Rafael Ben-Ari
43 v. li. n. re.: Mauritius images/Miriam Reik/Alamy; Image Source; Interfoto/ Granger, NYC
45 Friedensreich Hundertwasser (1928–2000), 227 Ein Regentropfen, der in die Stadt fällt, 1955 © Hundertwasser Archiv, Wien
53 Max Slevogt (1868–1932), Der verlorene Sohn, 1898/99, Triptychon, Öl auf Leinwand, Mittelbild, 110,5×98 cm, Staatsgalerie Stuttgart © akg-images
59 MISEREOR Hungertuch 2013/2014: „Wie viele Brote habt ihr?“ (Ausschnitt) von Ejti Stih © MISEREOR
63 li.: stock.adobe.com/Reddogs; re.: epd-bild/Michael Wolfsteiner
65 Margaretha Pawlischek, München
67 Margaretha Pawlischek, München
69 o. li.: Shutterstock/Nicolas Economou; o. re.: Jürgen Danner, Esslingen; Mi. li.: stock.adobe.com/S. Kobold; Mi. re.: stock.adobe.com/Alexander Raths; u. li.: Shutterstock/Africa Studio, u. re.: Argum/Thomas Einberger
73 Jerry Zeniuk (*1945), Altar Painting, 2002, Öl auf Leinwand, 280×400 cm, Köln, Museum Ludwig, Inv.-Nr. ML 10192, Photo courtesy Galerie Rupert Walser, München
76 Fotos: Margaretha Pawlischek, München
77 o.: Kilian Kreilinger, München, u.: Margaretha Pawlischek, München
79 Christel Holl, Feuer des Geistes, 2008, Öl mit Blattgold auf Papier, 15,4×22,6 cm, Rastatt. Foto: © Beuroner Kunstverlag, D-88631 Beuron, www.klosterkunst.de
82 o. li.: stock.adobe.com/Losevsky Pavel; o. re.: © Pfarre St. Othmar Mödling, Roland Dihanich; Mi. li.: Jakob Legner; Mi. re.: Isabella Friedrich, Limbach; u. li.: Shutterstock/Monkey Business Images; u. re.: Pfarrfest Döringstadt, Foto: Philipp A. Fischer
84 Fotos: Ernst Klimek, Herzogenaurach
85 Fotos: Hartmut Schwarzbach/argus, Hamburg
89 Ernst Barlach (1870–1938), Lesender Klosterschüler, 1930, Holz (Eiche), Höhe: 114,8 cm, Archiv Ernst Barlach Stiftung Güstrow, Foto: Uwe Seemann
92 o. li.: Simone Martini (um 1284–1344), Porträt des heiligen Franziskus, Fresko (um 1320), Basilika San Francsco/Unterkirche, Assisi, Foto: bpk/ Stefan Diller; o. re.: bpk/adoc-photos
93 action press
94 li.: siehe 21; re.: siehe 51, Ausschnitt
96 siehe 38 o. li.
100 Schaukasten li.: o.: stock.adobe.com/emer; u. li.: interfoto/Danita Delimont/Cindy Miller Hopkins; u. re.: © Bridgeman Images; Schaukasten re.: o.: Mittelalterliche Schreibwerkstatt © Buchmalerei, spanisch, 1283, aus: „Buch der Spiele“ (Libros de Acedrex, Dados e Tablas) des Königs von Kastilien, Alfons X., der Weise, Buch 1, fol 1v., Real Biblioteca del Monasterio de El Escorial/Madrid. Foto: akg-images; u.: Zierseiten aus dem Dagulf-Psalter, Lorch, Worms, Metz und Aachen, vor 795 © ÖNB/Wien, Cod. 1861, fol. 24v–25r
101 Schaukasten li.: o.: Setzkasten, rekonstruierte Gutenberg-Werkstatt, Mainz, Gutenberg Museum © akg-images; u.: Gutenberg-Bibel (Faksimile von Inc. 1511), Bd. 2, Bll. 190v/191r, © bpk/Staatsbibliothek zu Berlin; Schaukasten re.: o.: Margaretha Pawlischek, München; u.: © Getty Images/Corbis Documentary
104 o. li.: stock.adobe.com/contrast-werkstatt; o. re.: © 2015 KNA, www.kna-bild.de; u. li.: Bonifatiuswerk/Lena Reiher; u. re.: Margaretha Pawlischek, München
112 o.: Fotolia/Kenneth Sponsler; u. li.: Shutterstock/mmmm; u. re.: Margaretha Pawlischek, München
114 © Bistum Osnabrück
115 o.: ddp images/United Archives; u.: Colourbox.com/ALLEKO
116 li.: Beat Ernst, Basel; re.: Sr. Charis Doepgen OSB
117 Papyrus: o. li.: stock.adobe.com/emer; o. Mi.: Shutterstock/netsuthep; o. re.: Interfoto/Danita Delimont/Cindy Miller Hopkins; Mi. li.: Laif/© François PERRI/REA; Mi. re und u. beide: Mauritius images/Brenda Kean/Alamy; Statue des Pharao Ramses II., Großer Tempel von Abu Simbel, 13. Jh. v. Chr.: Shutterstock/Nestor Noci
119 li.: © epd-bild/Annette Zoepf; re.: Manfred Koch, Bischberg

Texte:
9 gekürzt und frei nacherzählt nach: Stefanie Aurelia Spendel, Leben und Freude durch Gottes Wort. Gottesdienste für Familien – Lesejahr B, Verlag Friedrich Pustet, Regensburg 1984
12 Bei dem erwähnten Bilderbuch handelt es sich um: Agnès de Lestrade/ Valeria Docampo: Die große Wörterfabrik, mixtvision Verlag, München 2010
17 Wie Katharina sich Gott vorstellt, aus: Lene Mayer-Skumanz: Jakob und Katharina. Geschichten zum Lesen, Spielen und Weiterentdecken. Verlag Herder, Freiburg i. Br. 1981 (Name mit Zustimmung der Autorin geändert)
18 Zitate frei nach: Dietlind Fischer (Hrsg.): Lernen beobachten – Leistung beurteilen im Religionsunterricht der Grundschule. Friedrich Verlag, Seelze 2010, S. 89
24 Wo ich Gott finde, leicht gekürzt aus: Heribert Haberhausen, Den Horizont erweitern. Kurzgeschichten für Schule und Gemeinde, Patmos Verlag, Düsseldorf 1996, S. 13ff.
46 Fredrik Vahle, Spiegel, aus: Hans-Joachim Gelberg (Hrsg.): Wo kommen die Worte her? Neue Gedichte für Kinder und Erwachsene, Beltz & Gelberg in der Verlagsgruppe Beltz, Weinheim und Basel 2011, S. 63 © Fredrik Vahle
48 Ich bin mal so und mal so, aus: Heribert Haberhausen: Geschichtenbuch Religion, Band 1. Patmos Verlag, Düsseldorf 1999, S. 207
51 Weißt du schon, frei nach: Wilhelm Willms, Der geerdete Himmel. Wiederbelebungsversuche, Butzon & Bercker, Kevelaer 1986, S. 55 (Originaltitel: „Wussten Sie schon“)
60 Wo er war, gekürzt und in Interpunktion angepasst aus: Lothar Zenetti, Sieben Farben hat das Licht: Worte der Zuversicht, Matthias-Grünewald-Verlag, Ostfildern 2006 (Originaltitel: „Ein Mensch wie Brot“)
85 Gebet aus Lateinamerika: Wir sind unterwegs zu dir, aus: Emil L. Stehle (Hrsg.): Du, unsere Befreiung. Lateinamerikanische Gebete, Verlag Herder, Freiburg 1986, S. 94f.
106 Morgengebet: Guter Gott, ich danke dir für die Nacht, aus: Hermann-Josef Frisch: Ich lache und springe, Patmos Verlag, Düsseldorf 2000 – Good morning to you, aus: Arbeitshilfen Religion – Anfangsunterricht, erarbeitet von Brigitte Zeeh-Silva, Calwer Verlag, Stuttgart 2009, S. 55 – Am Abend: Der Tag ist nun zu Ende, aus: Ricarda Nissen: Ich komme zu dir, Echter Verlag, Würzburg 1999 – In der Schule: Gott, segne unsere Klasse © Hermann-Josef Frisch, Overath

Bei den Bibeltexten handelt es sich um eigene, kindgemäße Bearbeitungen auf der Basis der Einheitsübersetzung der Heiligen Schrift, vollständig durchgesehene und überarbeitete Ausgabe © 2016 Katholische Bibelanstalt GmbH, Stuttgart; außerdem wurden verwendet: Meine Schulbibel. Ein Buch für Sieben- bis Zwölfjährige, München u.a. (Kösel u.a.) 2003, [4]2015 (S. 13, 36, 37, 55, 60, 61, 80, 92, 93) und Einheitsübersetzung der Heiligen Schrift © 1980 Katholische Bibelanstalt GmbH, Stuttgart (S. 26, 42, 43, 58, 93).